中国共产党与中国式现代化

张神根 著

图书在版编目（CIP）数据

中国共产党与中国式现代化 / 张神根著 . -- 北京：中央编译出版社，2023.1
ISBN 978-7-5117-4331-2

Ⅰ.①中… Ⅱ.①张… Ⅲ.①中国共产党—现代化理论—研究 Ⅳ.① D24

中国版本图书馆 CIP 数据核字（2022）第 253654 号

中国共产党与中国式现代化

选题策划：张远航
责任编辑：李媛媛
责任印刷：刘　慧
出版发行：中央编译出版社
地　　址：北京市海淀区北四环四路 69 号（100080）
电　　话：（010）55627391（总编室）（010）55627310（编辑室）
　　　　　（010）55627320（发行部）（010）55627377（新技术部）
传　　真：（010）66515838
经　　销：全国新华书店
印　　刷：北京建宏印刷有限公司
开　　本：710 毫米 ×1000 毫米　1/16
字　　数：145 千字
印　　张：15.5
版　　次：2023 年 1 月第 1 版
印　　次：2023 年 1 月第 1 次印刷
定　　价：68.00 元

新浪微博　@中央编译出版社　　微　信　中央编译出版社（ID: cctphome）
淘宝店铺　中央编译出版直销店（http://sholl08367160.taobao.com）（010）52612322
本社常年法律顾问：北京市吴栾赵阎律师事务所律师　闫军　梁勋
凡有印装质量问题，本社负责调换。电话：（010）52612317

目 录
CONTENTS

党的二十大与中国式现代化（代序）/ 001

第一辑　中国共产党与中国式现代化新道路

　　百年屈辱开启的中国现代化强国之路 / 003

　　中国共产党成立前后两个一百年的巨大转变

　　　　——从落后挨打到走向伟大复兴 / 017

　　中国共产党人建立新中国的宣言书：《新民主主义论》/ 031

　　以人民为中心创造历史伟业 / 050

　　改革开放与中国式现代化新道路 / 060

第二辑　马克思主义中国化时代化与中国式现代化新道路

　　中国共产党与马克思主义中国化 / 089

　　马克思主义中国化与中华民族伟大复兴 / 111

党的百年奋斗与马克思主义的强大生命力 / 118

从百年党史中汲取历史智慧　弘扬历史主动精神 / 134

第三辑　历史决议与中国式现代化的历史进程

第一和第二个历史决议与中国革命和建设 / 147

党的三个历史决议与站起来、富起来、强起来的逻辑理路 / 173

第三个历史决议与习近平新时代中国特色社会主义思想 / 189

历史决议与马克思主义中国化时代化发展 / 204

后　记 / 228

党的二十大与中国式现代化

（代序）

党的二十大是在迈上全面建设社会主义现代化国家新征程、向第二个百年奋斗目标进军的关键时刻召开的一次十分重要的大会。大会接续改革开放以来历次代表大会的探索特别是党的十九大的探索，对全面建成社会主义现代化强国两步走战略安排进行宏观展望，对未来5年乃至更长时期党和国家事业发展的目标任务和大政方针进行科学谋划和部署。党的二十大的决策和部署，必将有力推进中国现代化建设的伟大进程，推进谱写全面建设社会主义现代化国家新的篇章。

一、确定鲜明主题

党的十九大对全面建成社会主义现代化强国作了两步走的安排，十九届五中全会作出开启全面建设社会主义现代化国家新征程、向第二个百年奋斗目标进军的安排，党的二十大进一步对到2035年基本实现现代化、未来5年的现代化建设进一步聚焦发力。

首先,将全面建设社会主义现代化国家列入大会报告标题。大会报告的标题至关重要,它如旗帜,引领前进的方向。党的十一届三中全会以来,党始终将实现现代化作为奋斗目标。党的十二大报告标题:全面开创社会主义现代化建设的新局面,将"全面开创社会主义现代化"作为标题,意味着现代化建设开始成为主要奋斗目标。党的十六大至党的十九大,都将全面建设(成)小康社会列入报告标题,意味着小康社会建设是当时的主要奋斗目标。党的二十大报告标题:"高举中国特色社会主义伟大旗帜,为全面建设社会主义现代化国家而团结奋斗",将"为全面建设社会主义现代化国家而团结奋斗"列入标题,标志着我国社会主义现代化建设开始向纵深发展。

其次,将全面建设社会主义现代化国家,作为大会主题的核心内容。从党的十五大开始,大会报告明确提出大会的主题。之前,一般都用大会任务作表述。比如:党的十四大提"大会的任务",十三大提"大会的中心任务",十二大提"新的历史时期的总任务",党的八大提"这次大会的任务",等等。大会的主题,实际是大会的灵魂,是党和国家事业发展的总纲。主题相比任务,内容更丰富、承载责任更重大、更强调贯通性。党的二十大主题:"高举中国特色社会主义伟大旗帜,全面贯彻新时代中国特色社会主义思想,弘扬伟大建党精神,自信自强、守正创新,踔厉奋发、勇毅前行,为全面建设社会主义现代化国家、全面推进中华民族伟大复兴而团结奋斗"。这一主题,将"全面建设社会主义现代化国家"列入其中作为核心内容,旗帜鲜明,意义重大,影响深远。

中国共产党成立一百多年来,团结带领中国人民所进行的一切奋斗,就是为了把我国建设成为社会主义现代化强国、实现中华民族伟大复兴。1945年,毛泽东深刻指出,没有工业(当时对现代化的一种表述),

便没有巩固的国防,便没有人民的福利,便没有国家的富强。同时指出,没有一个独立、自由、民主和统一的中国,不可能发展工业。基于这样的认识,党带领人民经过二十八年奋斗,实现民族独立、人民解放,为建设社会主义现代化国家创造了根本社会条件。新中国成立以后,我们党孜孜以求,带领人民对中国现代化建设进行了艰辛探索,取得了很大成就。但是,由于受多种内外因素的影响,现代化建设没有完全展开。党的十一届三中全会果断结束"以阶级斗争为纲",实现党和国家工作中心战略转移,开启了改革开放和社会主义现代化建设新时期。进入新时代以来,党对建设社会主义现代化国家在认识上不断深入、战略上不断成熟、实践上不断丰富,成功推进和拓展了中国式现代化。2018年习近平在庆祝改革开放四十周年大会上的讲话中指出,建成社会主义现代化强国,实现中华民族伟大复兴,是一场接力跑,我们要一棒接着一棒跑下去,每一代人都要为下一代人跑出一个好成绩。正是本着这样的精神,党的二十大对社会主义现代化建设作出进一步的安排部署。

二、明确使命任务

沿着标题、主题持续推进现代化建设的精神,报告第一部分高度评价党的十九大以来的5年和新时代10年的伟大变革,指出:"科学社会主义在21世纪的中国焕发出新的蓬勃生机,中国式现代化为人类实现现代化提供了新的选择,中国共产党和中国人民为解决人类面临的共同问题提供更多更好的中国智慧、中国方案、中国力量,为人类和平与发展崇高事业作出新的更大的贡献!"充分肯定中国式现代化建设取得的成就和重大意义。

报告第二部分,提出开辟马克思主义中国化时代化新境界的任务、路径和立场观点方法。报告提出,坚持和发展马克思主义,必须同中国具体实际相结合、同中华优秀传统文化相结合。提出把握好新时代中国特色社会主义思想的世界观和方法论,坚持好、运用好贯穿其中的立场观点方法,那就是:必须坚持人民至上、必须坚持自信自立、必须坚持守正创新、必须坚持问题导向、必须坚持系统观念、必须坚持胸怀天下。这为坚持和发展中国特色社会主义提供重要遵循,也必将为新时代新征程推进中国式现代化建设提供最新思想引领。

接着,报告站在新的历史方位,把握新的时代特点,在第三部分,明确提出了新时代新征程中国共产党的使命任务:"从现在起,中国共产党的中心任务就是团结带领全国各族人民全面建成社会主义现代化强国、实现第二个百年奋斗目标,以中国式现代化全面推进中华民族伟大复兴。"这一使命任务,与中国特色社会主义总任务相一致,是我们党的郑重宣示,是激励全党全国各族人民奋进新征程、建功新时代的动员令。

在明确中心任务后,报告系统阐释了中国式现代化的中国特色、本质要求,深刻回答了"建设什么样的社会主义现代化强国、怎样建设社会主义现代化强国"这个重大时代课题。报告指出,中国式现代化,是中国共产党领导的社会主义现代化,既有各国现代化的共同特征,更有基于自己国情的中国特色。中国式现代化是人口规模巨大的现代化,是全体人民共同富裕的现代化,是物质文明和精神文明相协调的现代化,是人与自然和谐共生的现代化,是走和平发展道路的现代化。这是我们党对现代化问题探索的最新理论成果。

报告揭示,中国式现代化的本质要求是:坚持中国共产党领导,坚持中国特色社会主义,实现高质量发展,发展全过程人民民主,丰富人民精神世界,实现全体人民共同富裕,促进人与自然和谐共生,推动构建人类命运共同体，创造人类文明新形态。这一本质要求，实际指明了中国式现代化的发展方向，阐明中国式现代化的领导力量、方向道路、发展方式、民主政治、精神文化、社会公平、生态文明、全球治理、文明境界等重要问题。

在此基础上，报告对从现在起到2035年以及未来5年作出具体部署。

关于到2035年我国发展的总体目标，由十九大的6个方面增加到8个方面，内涵更丰富、要求更高。经济建设部分，明确提出"人均国内生产总值迈上新的大台阶，达到中等发达国家水平"，任务更重。新增加的两个部分，主要是从经济部分单独列出，分别是："实现高水平科技自立自强，进入创新型国家行列""建成现代化经济体系，形成新发展格局，基本实现新型工业化、信息化、城镇化、农业现代化"。这两条单列，具有很强针对性，反映了国家发展的突出要求。民主法治建设部分，增加了"全过程人民民主制度更加健全"。文化建设部分，明确提出"建成教育强国、科技强国、人才强国、文化强国、体育强国、健康中国"。社会建设部分，增加"居民人均可支配收入再上新台阶""农村基本具备现代生活条件""社会保持长期稳定"。生态文明建设部分，增加"广泛形成绿色生产生活方式，碳排放达峰后稳中有降"。国家安全部分，改写成"国家安全体系和能力全面加强，基本实现国防和军队现代化"。

未来5年是全面建设社会主义现代化国家开局起步的关键时期。报告明确未来5年的主要目标任务是：经济高质量发展取得新突破、改革开放迈出新步伐、全过程人民民主制度化规范化程序化水平进一步提高、人民精神文化生活更加丰富、居民收入增长和经济增长基本同步、城乡人居环境明显改善、国家安全更为巩固、中国国际地位和影响进一步提高。这里面没有具体数字指标,但内涵十分丰富、要求很高。

上述部署,符合时代特点、切合中国实际。

报告还指出,全面建设社会主义现代化国家,是一项伟大而艰巨的事业,前途光明,任重道远。当前,世界百年未有之大变局加速演进,深入发展,国际力量对比深刻调整,我国发展面临新的战略机遇。同时,世纪疫情影响深远,逆全球化思潮抬头,单边主义、保护主义明显上升,世界进入新的动荡变革期。我国改革发展稳定面临不少深层次矛盾,党的建设特别是党风廉政建设和反腐败斗争面临不少顽固性、多发性问题。我国发展进入战略机遇和风险挑战并存、不确定难预料因素增多的时期。

面对这样的局面,报告强调,我们必须增强忧患意识,坚持底线思维,做到居安思危、未雨绸缪,准备经受风高浪急甚至惊涛骇浪的重大考验。前进道路上,必须牢牢把握以下重大原则:坚持和加强党的全面领导,坚持中国特色社会主义道路,坚持以人民为中心的发展思想,坚持深化改革开放,坚持发扬斗争精神。这些重大原则,是对历史经验的深刻总结,是推进现代化建设至关重要的遵循。

三、将现代化建设的使命任务落实到总体布局中

中国式现代化的特色、本质要求、目标任务和原则明确后,关键在于贯彻落实。报告第四至第十部分,按照"五位一体"总体布局对经济、政治、文化、社会、生态文明,进行具体谋划和部署,其中有许多创新亮点。

关于经济建设,报告提出加快构建新发展格局、着力推动高质量发展。其中,高质量发展是一个关键词。报告指出,高质量发展是全面建设社会主义现代化国家的首要任务,我们要坚持以推动高质量发展为主

题。很显然,实现高质量发展是现代化建设的首要任务、关键任务。这是党中央在深入分析我国发展新的历史条件和阶段、全面认识和把握我国现代化建设一般规律的基础上,作出的一个具有全局性、长远性和战略性意义的重大判断,我们要深刻理解其丰富内涵和重大意义。经历长时期的经济高速增长,我国经济规模已经稳居世界第二。很重要的一个问题在于大而不强。当前,我国经济发展中的矛盾和问题集中体现在推进高质量发展还有许多卡点瓶颈,主要是科技创新能力还不强、供给体系质量还不高、资源要素投入消耗较大、绿色生产生活方式还未完全形成等。同时,全球范围新一轮科技革命和产业革命深入发展,深刻改变全球产业面貌和分工格局。如果创新驱动、节约集约、绿色低碳的高质量发展方式不能尽快形成,发展中的矛盾和问题进一步累积,就可能影响到经济持续健康发展乃至现代化建设的顺利推进。新时代新征程的发展,必须深入贯彻习近平经济思想,实现高质量发展。

关于实施科教兴国战略和人才强国战略,报告提出教育、科技、人才是全面建设社会主义现代化国家的基础性、战略性支撑。我们党历来高度重视教育科技和人才建设。党的十八大以来,中国特色社会主义进入新时代,以习近平同志为核心的党中央团结带领人民攻坚克难,党和国家事业取得历史性成就、发生历史性变革,其中教育、科技、人才事业发挥了事关全局的重要作用。新时代10年我国经济实力、科技实力、综合国力跃上新台阶,在此基础上迈上全面建设社会主义国家新征程,具有多方面优势和条件。同时,我国仍处于社会主义初级阶段,仍然是世界上最大的发展中国家,特别是百年变局和世纪疫情交织,不确定难预料因素增多。正是基于这样的考虑,二十大报告提出,必须坚持科技是第一生产力、人才是第一资源、创新是第一动力,深入实施科教兴国战略、人才强国战略、创新驱动发展战略,开辟发展新领域新赛道,不断塑造发展新动能新优势。在这之前的代表大会报告,一般分别将科技放在经济建设部分,教育放在社会建设部分,人才放在党的建设部分。二十大报告将他们汇总放在一起,紧跟经济建设之后,凸显科技、教育、人才对高质量发展的重要性,是重要的理论和实践创新。

关于法治建设,报告提出全面依法治国是国家治理的一场深刻革命,关系党执政兴国,关系人民幸福安康,关系党和国家长治久安。必须更好发挥法治固根本、稳预期、利长远的保障作用,在法治轨道上全面建设社会主义现代化国家。改革开放以后,我们党坚持依法治国,不断推进社会主义法治建设。同时,有法不依、执法不严、司法不公、违法不究等问题严重存在,严重损害法治权威,严重影响社会公平正义。历史的经验和教训使我们党深刻认识到,法治兴则国家兴,法治衰则国家乱。党的十八大以来,以习近平同志为核心的党中央从坚持和发展中国特色社会主义的全局和战略高度定位法治、布局法治、厉行法治,将全面依法治国纳入"四个全面"战略布局,放在党和国家事业发展全局中来谋划、来推进,领导和推动我国社会主义法治建设取得历史性成就、发生历史性变革。在全面建设社会主义现代化国家新征程中,必须坚持全面依法治国、推进法治中国建设。全面依法治国,过去一般放在政治建设部分。党的二十大,单独将它拿出来作为一个部分进行阐述和部署,突出体现了全面依法治国在全面建设社会主义现代化国家、全面推进中华民族伟大复兴中的重要地位和作用。

关于文化建设,报告提出:"推进文化自信自强、铸就文化新辉煌"。报告提出,围绕举旗帜、聚民心、育新人、兴文化、展形象建设社会主义文化强国,发展面向现代化、面向世界、面向未来的,民族的科学的大众的社会主义。要以社会主义核心价值观为引领,发展社会主义先进文化,弘扬革命文化,传承中华优秀传统文化,满足人民日益增长的精神文化需求,巩固全党全国各族人民团结奋斗的共同思想基础,不断提升国家文化软实力和中华文化影响力。文化兴则国运兴,文化强则民族强。我们党历来高度重视文化建设。1940年毛泽东就提出,我们不但要把一个政治上受压迫、经济上受剥削的中国,变为一个政治上自由和经济上繁荣的中国,而且要把一个被旧文化统治因而愚昧落后的中国,变为一个被新文化统治因而文明先进的中国。党的十八大以来,以习近平同志为核心的党中央把文化建设提升到一个新的历史高度,把文化自信纳入中国特色社会主义"四个自信",把坚持马克思主义在意识形态领域指导地位的制度确立为中国特色社会主义制度体系的一项根本制度,把坚持社会主义核心价值体系纳入新时代坚持和发展中国特色社会主义的基本方略,推动我国文化建设正本清源、守正创新,推动意识形态领域形势发生全局性、根本性转变,为开创党和国家事业全新局面提供了强大正能量。全面建设社会主义现代化国家,文化的地位不可替代,文化的作用更加凸显。报告从"建设具有强大凝聚力和引领力的社会主义意识形态"等方面进行了部署。

关于社会建设,提出"增进民生福祉,提高人民生活品质"。其中,共同富裕是一个突出亮点。近些年来,共同富裕引起人们广泛关注,党和国家对此着力很多,取得重要进展。二十大报告提出,要扎实推进共同富裕。分配制度是促进共同富裕的基础性制度,坚持按劳分配为主体、多种分配方式并存,构建初次分配、再次分配、第三次分配的制度体系。这是在党的代表大会报告中首次提出三次分配的概念。此前,2020年党的十九届五中全会也提出再次分配、第三次分配概念,但不系统。初次分配主要由市场机制形成,再次分配主要由政府调节机制起作用,第三次分配是社会力量通过慈善捐赠、志愿服务等方式进行,是对再分配的有益补充。这是社会建设理论和实践上的重要创新,对于正确处理效率和公平的关系,扎扎实实朝着共同富裕目标迈进具有重要意义。

关于生态文明建设,报告提出"站在人与自然和谐共生的高度谋划发展"。这是立足进入全面建设社会主义现代化国家新阶段,对谋划经济社会发展提出的新要求。之所以提出这样的要求,是因为:在人类200多年的现代化进程中,实现现代化的国家和地区不超过30个、人口不超10亿。他们基本是欧美国家,也都走了一条大量消耗资源、严重污染环境的老路。我国拥有14亿多人口,全面建设社会主义现代化国家,再也不能走那样的老路了。我们必须坚持以习近平生态文明思想为指导,把生态文明建设放在更加突出位置,走人与自然和谐共生的中国式现代化道路。

四、维护安定的国内环境与和平的国际秩序

世界历史证明,现代化发展的过程也是矛盾不断发展变化的过程,实现现代化的国家无一不是在解决内外矛盾中实现发展的。鉴于我国实现现代化的难度和重大影响,解决突出矛盾和问题引起格外重视。

我们党历来高度重视处理现代化发展中遇到的矛盾和问题。早在改革开放之初,邓小平同志就提出80年代要做三件大事:在国际事务中反对霸权主义、维护世界和平,台湾回归祖国、实现祖国统一,加紧四个现代化建设。这三件大事,都与现代化建设有着密切的关联。到了20世纪90年代初,邓小平进一步指出,中国要实现自己的发展目标,必不可少的条件是安定的国内环境与和平的国际环境。在党的十九大报告中,习近平则提出,实现中国梦离不开和平的国际环境和稳定的国际秩序。

党的二十大报告第十一至十四部分内容,既是现代化建设的重要

组成部分，又可能成为影响现代化建设安全稳定的重要因素。

关于国家安全问题，二十大报告提出："国家安全是民族复兴的根基，社会稳定是国家强盛的前提。必须坚定不移贯彻总体国家安全观，把维护国安全贯穿党和国家工作各方面全过程，确保国家安全和社会稳定"。这是首次在党的全国代表大会报告中设置专章论述国家安全问题。这部分内容，过去一般放在社会建设部分。党的十八大以来，国家安全得到全面加强，经受住了来自政治、经济、意识形态、自然界等方面的考验。然而，中国特色社会主义进入新时代，也是我国社会主要矛盾发生变化的时代，是推进中华民族从站起来、富起来到强起来的伟大飞跃的时代。在新时代，我国国家安全面临的形势异常严峻，外部压力前所未有。同时，我国维护国家安全能力不足、应对各种重大风险能力不强、维护国家安全的统筹协调机制不健全等问题仍然突出。我国要维护国家主权、安全、发展利益，确保政权安全、制度安全、意识形态安全，维护社会和谐稳定、不断满足人民日益增长的安全需要，必须着力解决国家安全面临的突出问题，加快推进国家安全体系和能力现代化。报告从健全国家安全体系、增强维护国家安全能力等方面加以部署。

关于国防和军队建设，报告提出："如期实现建军一百年奋斗目标，加快把人民军队建成世界一流军队，是全面建设社会主义现代化国家的战略要求"。党的十八大以来，在以习近平同志为核心的党中央坚强领导下，人民军队实现整体性革命性重塑，重整行装再出发，现代化水平和实战能力显著提升。与此同时，党对军队现代化建设不断加强部署。2017年，党的十九大提出到2035年基本实现国防和军队现代化，到本世纪中叶把人民军队全面建成世界一流军队。2020年，"十四五"规划建议提出，"确保2027年实现建军百年奋斗目标"。至此，形成国防和军队现代化新"三步走"。实现建军一百年奋斗目标，是党中央和中央军委把握强国强军时代要求作出的重大决策,是关系国家安全和发展全局的重大任务,是国防和军队现代化十分紧要的一步。再过5年,将迎来建军一百年,人民军队将在中国特色强军之路上大踏步迈向世界一流水平,为实现中华民族伟大复兴提供战略支撑,为维护世界和平发展和人类文明进步作出更大贡献。建军一百年奋斗目标,体现了党的历史使命、国家战略需求和我军使命任务的有机统一,丰富拓展了党在新时代强军目标的时代内涵,标定了未来5年我军建设的中心任务,意义重大深远。党的二十大接续作出了部署。

关于祖国统一,报告提出"坚持和完善'一国两制'、推进祖国统一"。在过去表述的基础上,报告提出"完善"的要求。报告提出,坚持和完善"一国两制"制度体系,落实中央全面管治权,落实"爱国者治港""爱国者治澳"原则,落实特别行政区维护国家安全的法律制度和执行机制。报告还提出,支持香港、澳门发展经济、改善民生、破解经济社会发展中的深层次矛盾和问题。这些措施,都是针对香港、澳门的政治经济实际情况作出的重大决策。

关于外交工作,报告提出:"当前,世界之变、时代之变、历史之变正以前所未有的方式展开。一方面,和平、发展、合作、共赢的历史潮流不可阻挡,人心所向、大势所趋决定了人类前途终归光明。另一方面,恃强凌弱、巧取豪夺、零和博弈等霸权霸道霸凌行径危害深重,和平赤字、发展赤字、安全赤字、治理赤字加重,人类社会面临前所未有的挑战。世界又一次站在历史的十字路口,何去何从取决于各国人民的抉择。"这些重要论述,是我们党对当今国际形势的基本判断,体现了党看待世界格局及其演变的历史观、大局观、角色观,是理解我国外交政策和国际主张的基础。面对国际形势新动向新特征,二十大提出一系列重要新理念新倡议,深刻阐述积极应对全球性挑战的中国主张和中国方案,不断丰富完善构建人类命运共同体的思想体系。在构建人类命运共同体理念指引下,新时代中国特色大国外交积极开拓进取,坚定捍卫国家主权、安全、发展利益,维护国际公平正义,一定能为国家发展和民族复兴营造良好外部环境,为维护世界和平稳定和发展繁荣作出新的重要贡献。

五、坚持全面从严治党为现代化建设提供坚强保障

二十大报告指出,"全面建设社会主义现代化国家、全面推进中华民族伟大复兴,关键在党"。这句话点明了党在现代化建设中的核心地位。报告强调,"全党必须牢记,全面从严治党永远在路上,党的自我革命永远在路上,决不能有松劲歇脚、疲劳厌战的情绪,必须持之以恒推进全面从严治党,深入推进新时代党的建设新的伟大工程,以党的自我革命引领社会革命"。这句话,指出了全面从严治党的着力点和着眼点。这是从总结历史中得出的重要结论,更是正视现实、面向未来的战略决策。

勇于自我革命,是我们党的鲜明品格,也是我们党的最大优势。百年风霜雪雨、百年大浪淘沙,我们党能够从最初的50多名党员发展到今天的9600多万名党员,战胜一个又一个困难,取得一个又一个胜利,关键在于我们始终坚持党要管党、全面从严治党不放松,在推动社会革命的同时进行彻底的自我革命。比如,在指导思想上坚持真理、修正错误;比如,我们党勇于解决党内存在的思想不纯、政治不纯、组织不纯、作风不纯等突出问题;再比如,我们党坚决惩治腐败,等等。

特别是党的十八大以来,面对管党治党一度宽松软带来党内消极腐败现象蔓延、政治生态出现严重问题,党群干群关系受到损害,党的

创造力、凝聚力、战斗力受到削弱,党治国理政面临重大考验。以习近平同志为核心的党中央以前所未有的勇气和定力全面从严治党,打了一套自我革命的"组合拳"。从制定和落实中央八项规定开局破题,提出和落实新时代党的建设总要求,以党的政治建设统领党的建设各项工作,坚持思想建党和制度治党同向发力,严肃党内政治生活,持续开展党内集中教育,提出和坚持新时代党的组织路线,突出政治标准选贤任能,加强政治巡视,形成比较完善的党内法规体系,推动全党坚定理想信念、严密组织体系、严明纪律规矩。我们党持之以恒正风肃纪,以钉钉子精神纠治"四风",反对特权思想和特权现象,坚决整治群众身边的不正之风和腐败问题,刹住了一些长期没有刹住的歪风,纠治了一些多年未除的顽瘴痼疾。我们党开展了史无前例的反腐败斗争,以"得罪千百人、不负十四亿"的使命担当祛疴治乱,不敢腐、不能腐、不想腐一体推进,"打虎""拍蝇""猎狐"多管齐下,反腐败斗争取得压倒性胜利并全面巩固,消除了党、国家、军队内部存在的严重隐患,确保党和人民赋予的权力始终用来为人民谋幸福。经过不懈努力,党找到了自我革命这一跳出治乱兴衰历史周期律的第二个答案,自我净化、自我完善、自我革新、自我提高能力显著增强,管党治党宽松软状况得到根本扭转,风清气正的党内政治生态不断形成和发展。

经过十八大以来全面从严治党,我们解决了党内许多突出问题,但在全面建设社会主义现代化国家、全面实现中华民族伟大复兴进程中,党面临的执政考验、改革开放考验、市场经济考验、外部环境考验将长期存在,精神懈怠危险、能力不足危险、脱离群众危险、消极腐败危险将长期存在。

我们党要胜利实现新时代征程的使命任务,必须坚定不移推进全面从严治党。为此,党的二十大报告提出,"我们要深入落实新时代党的建设总要求,健全全面从严治党体系,全面推进党的自我净化、自我完善、自我革新、自我提高,使我们党坚守初心使命,始终成为中国特色社会主义事业的坚强领导核心。"围绕这样的要求,报告从"坚持和加强党中央集中统一领导""坚持不懈用新时代中国特色社会主义思想凝心铸魂"等7个方面加以部署,不断将全面从严治党推向深入,以确保我国社会主义现代化建设沿着正确方向胜利前进,确保拥有团结奋斗的强大政治凝聚力、发展自信心,集聚起万众一心、共克时艰的磅礴力量。

在作了以上部署后,继2022年全国两会期间作出"五个必由之路"重大论断,二十大报告再次强调"坚持党的全面领导是坚持和发展中国特色社会主义的必由之路,中国特色社会主义是实现中华民族伟大复兴的必由之路,团结奋斗是中国人民创造历史伟业的必由之路,贯彻新发展理念是新时代我国发展壮大的必由之路,全面从严治党是党永葆生机活力、走好新的赶考之路的必由之路"。这"五个必由之路",是我们党在长期实践中得出的至关紧要的规律性认识,科学回答了新征程全面建设社会主义现代化国家、全面推进中华民族伟大复兴的领导、道路、根本动力、指导理念和根本保证问题,是我们党百年奋斗的历史总结,必须倍加珍惜、始终坚持。

在"五个必由之路"中,"团结奋斗"尤其引人注目。二十大报告提出,团结就是力量,团结才能胜利。关于团结,我们党有深刻的认识和体会。70多年前,在抗日战争胜利前夕,中国共产党人同样发出这样的号召:"在马克思列宁主义思想一致的基础上,团结全党同志如同一个和睦的家庭一样,如同一块紧固的钢铁一样,为着获得抗日战争的彻底胜利和中国人民的完全解放而奋斗。"自那之后,我们党团结带领人民经过顽强奋斗,打败日本侵略者、推翻国民党反动统治、建立新中国。今天全面建设社会主义现代化强国的任务艰巨而繁重。全面建设社会主义现代化强国,必须团结起来充分发挥亿万人民的创造伟力。

二十大召开期间,在参加党的二十大广西代表团讨论时,习近平以"钢铁"为喻,生动形象地指明团结奋斗之于建设社会主义现代化强国、实现中华民族伟大复兴的重要意义。他强调要牢牢把握团结奋斗的时代要求,全党全国各族人民要在党的旗帜下团结成"一块坚硬的钢铁",心往一处想、劲往一处使,推动中华民族伟大复兴号巨轮乘风破浪、扬帆远航。在新时代新征程中,响应习近平团结奋斗的伟大号召,实现全国各族人民大团结、海内外中华儿女大团结,我们的目的就一定能够达到。

党的二十大报告将"全面建设社会主义现代化国家"确定为大会主题核心内容,将"全面建成社会主义现代化强国、实现第二个百年奋斗目标,以中国式现代化全面推进中华民族伟大复兴"作为使命任务,在此基础上,站在统筹"五位一体"总体布局、"四个全面"战略布局的高度对经济、政治、文化、社会、生态文明和党的建设等方面一一加以部署,从内向外、层层推进,逻辑严密,站位高远,体现着党中央和习近平深刻的战略洞见、深远的战略考量、深邃的战略智慧。

党的二十大是高举旗帜、凝聚力量、团结奋进的大会,一定能够凝聚起共同奋斗的磅礴力量,动员起全党全国各族人民在全面建设社会主义现代化强国、以中国式现代化全面推进中华民族伟大复兴中建功立业,谱写更加精彩的篇章。党带领人民用伟大奋斗创造了百年伟业,中华民族迎来了从站起来、富起来到强起来的伟大飞跃,也一定能用新的伟大奋斗创造新的历史伟业。

第一辑

中国共产党
与
中国式现代化新道路

建设一个现代化国家,是近代以来中国人民最伟大的梦想。直到中国共产党担当起民族复兴大任,中国的现代化才走上光明坦途。中国共产党在走过一百多年的壮阔历程中,始终把实现现代化作为念兹在兹的历史宏愿,始终不渝的奋斗目标,接续奋斗的强大动力,为人民谋幸福,为民族谋复兴的责任担当。一百多年来,中国共产党团结带领中国人民创造了中国式现代化新道路,创造了人类现代化史上的奇迹。

本专辑,作者从近代以来的中国现代化曲折历程讲到中国共产党人是如何寻找科学真理,进而将中国国情与时代特点相结合,形成指引中国实现现代化道路的正确理论。既有对中国国情和世界各国现代化的深刻把握,也有对建设社会主义现代化国家丰富内涵、战略步骤的深刻阐述。

作者认为,新时代以来,习近平总书记提出建设富强、民主、文明、和谐、美丽的社会主义现代化强国,作出两个阶段推进的战略安排,对基本实现现代化提出更高要求,提出中国式现代化五个特点,创造了中国式现代化新道路,开创了人类文明新形态,为全面建设社会主义现代化国家,进一步指明了前进方向。

百年屈辱开启的中国现代化强国之路

中华民族是世界上的伟大民族,曾经创造了悠久灿烂的中华文明,但是近代以后落伍了。西方列强通过战争迫使清朝政府签订了一个个丧权辱国的不平等条约,中华民族遭受了前所未有的苦难、屈辱。面对苦难、屈辱,中国人先是被迫后是自愿学习西方资本主义文明,经历了太多的挫折磨难,最终仍没有走上富强之路。但挫折磨难挡不住中国人寻找救国救民道路的步伐,当中国共产党人寻找到科学真理——马克思列宁主义后,将其与中国国情、时代特点相结合,形成马克思主义中国化理论成果,指引中国找到实现国家现代化的正确道路。

一、以维护封建统治为前提学习西方推进现代化的努力（1860—1911年）

1840年,英国用炮舰轰开了中国紧闭的大门。由此,西方列强迫使中国接受西方贸易制度和国际法观念,并用不平等条约强制中国开放市场。中国自给自足经济体系被打破,"天朝神圣王权"被侵犯。中国被纳入资本主义世界体系,昔日天下的"中心"沦为西方世界的边缘。

面对屈辱和挑战,以清朝政府中的开明人士为主开始了第一阶段的现代化努力,即以维护封建统治为前提学习西方推进现代化。这一阶段主要由三个截然不同但又有联系的运动组成,即洋务运动(1860—1894年)、维新运动(1895—1898年)、立宪运动(1905—1911年)。

自强运动是晚清政府在内忧外患交织的危急形势下的自救运动。随着咸丰皇帝驾崩,恭亲王奕䜣以议政王身份主持与英法议和,开始改变对西方的政策,在朝廷中形成主张改革的政治集团,与新兴的地方实力派曾国藩、李鸿章等遥相呼应。1861年初,清政府宣布设立总理各国通商事务衙门和北洋、南洋两位通商大臣,这是推行自强"新政"的先声。然后,以派员采购外洋船炮并演习制造为开路,在各地建立起一批子弹局、火药局、军械局、机器局、船政局等。这些官办的新式军工企业最初是试办的性质。到1880年代中期,发展成为扩建海军、兴办民用企业、开矿山、试办电报邮政、翻译西学著作、派遣留学生出国、设立新学堂,甚至动工开始修筑铁路。自强运动促进中国初始工业化和防卫现代化,是"师夷之长技"的重要举措和取得的重要成果。其中,不仅包括现代生产力和大工业生产方式的引进,同时也促进了现代资本主义生产关系在中国大地的生长。然而,1894年至1895年中日甲午战争,北洋舰队在黄海海战中的全军覆没和清朝军队在陆战中的一败涂地,宣告了自强运动的失败。

在检讨自强运动失败原因时,有识之士纷纷将目光对准改革政治制度。在内忧外患纷起的形势下,变法运动兴起,主张建立西式的官制、兵制,乃至议会制度。1898年的"戊戌变法"在光绪皇帝主持下,匆忙推出规模空前的对现行皇朝体制大幅度改革的方案。由于权力斗争逐步白热化,这场行政改革刚刚开始就被以慈禧太后为首的保守势力发动的政变所粉碎,但这次流产的政治现代化的尝试意义仍十分重大。维新运动中的主要成果包括废除八股、变革科举、兴办新式学堂等,推动了近代中国的思想启蒙和社会变革。

在义和团运动和八国联军进占北京之后,维新变法的呼声再起。1901年1月,慈禧太后下诏变法。下令京内外大臣官吏在两个月内提出各种建议,即"整顿中法,以行西法"。清政府在1905年宣布废除科举制,并派五大臣出洋考察。1906年7月13日,光绪皇帝奉太后懿旨颁谕,略称:"各国之所以富强者,实由于实行宪法,取决公论。"9月20日,终于决定大幅度改革行政组织,作为进行西方式立宪的准备。然而,当时形势发展很快,革命潮流兴起,将新政淹没。1911年辛亥革命爆发,清政权被推翻,中国的现代化到了另一个阶段。

从推动"自强新政"到宣布"预备立宪",历时50年。在这50年中,中国的政治体制、经济结构、文化价值观,都发生了一些变化。其中一个重大变化,是民族资本主义和民族资产阶级开始兴起,并且随着经济实力的增长民族资产阶级开始有了明确的独立的阶级意识和政治要求。

虽然有这些进步,但半个世纪自上而下实行的从传统社会向现代社会的转轨并没有成功。正如梁启超指出的,拿过去若干个50年和这个50年来比,这50年诚然是进化了。拿我们这50年和别人家的这50年来比,我们可是惭愧无地。试看这50年的美国何如?这50年的日本何如?这50年的德国何如?这50年的俄国何如?他们政治上虽然成败不同、苦乐不等,至于学问思想界,真都算得一日千里。就是英法等老国,又哪一个不是往前飞跑?

二、以学习西方模式为目标推进现代化的努力（1911—1949年）

1911年辛亥革命建立资产阶级共和国之后，中国人开始了第二阶段的现代化努力，主要是以学习西方模式为目标推进现代化。现代国家的成长离不开经济与社会的现代化发展，要推进经济与社会现代化的发展，就必须首先对外争得主权，以摆脱帝国主义列强控制，然后对内统一政权，以消除军阀割据。然而，封建帝制虽然终结，但统一的现代国家并没有因资产阶级共和体制的开启而确立，反而陷入分裂亡国的境地。

从1911年至1949年，近40年间，中国的旧秩序加速崩溃、旧结构加速分化，民众加速觉醒。国际资本主义加快渗透，群众性社会运动和革命运动风起云涌，民族资本主义在夹缝中获得发展，这一切共同推动中国由传统社会向现代社会缓慢转变。这40年大约也可以划分为1911至1927年、1927年至1949年前后两个小阶段。

第一个小阶段，1911年至1927年，是北洋军阀和北洋官僚统治时期。北洋政府继续推进由清末立宪运动开启、南京临时政府加速推进的制定颁布现代经济法规的工作。同时，开启争取废除近代以来外国列强强加给中国的不平等条约和收回民族权利的斗争，并在20世纪20年代初，收回俄国、德国、奥地利、比利时在华特权。这些进展加上第一次世界大战期间西方列强无暇顾及，中国民族工业出现了发展的小高潮。然而，发展是有限的。中国的资本主义是很微弱的，一直未能成为社会生产的主要形式。据研究，到二十年代初，中国近代工业总产值约占工农业总产值的百分之四点八七。[1]

---

[1] 吴承明：《中国资本主义与国内市场》，北京：中国社会科学出版社1985年版，第127页。

随着资本主义经济的发展,中国资产阶级和无产阶级的力量得到增强。新式商人团体开始相继成立,由于国家处于割据涣散状态,资产阶级在政治生活中开始扮演重要角色,特别是在经济发达的广州、上海表现得更加明显。

与此同时,现代教育得到快速发展,知识分子在探索中国前途、促进社会进步中日益发挥重要作用。1912年国家宣布实施儿童义务教育,到1936年小学生人数增至1836万人,中等学生人数达到61.4万人,包括高等学校学生人数,总计超过1900多万人。[①]加上留学欧、美、日和外国人在中国办的教会大学,受现代教育的人数也相当可观。这些对于培养中国的科技人才和知识分子起了重要作用。

知识分子对于国家前途、民族命运十分敏感,他们在社会上推动了一系列运动。比如:国语运动、文学革命、平民教育、男女平等、职业教育、新文化运动、出国勤工俭学、乡村教育;引进各种西方思潮(马克思主义、无政府主义、实用主义),等等。这些努力对促进社会变革产生重要影响。

这期间,中国社会虽然取得了一些进步,但国家却仍陷入封建式军阀割据与混战之中,没有形成统一的政权,没有组织起有效的现代化建设,现代化进步仍十分有限。

第二个小阶段,1927年至1949年,是国民党统治时期。在这一时期的一开始,为完成国民革命的任务、反抗帝国主义和封建势力的压迫,国共两党进行第一次合作。国民党进行改组,确立联俄、联共、扶助农工三大政策。在广州建立国民革命军,进行北伐,击败北洋军阀势力,

---

[①] 王凤喈:《中国教育史》,南京:正中书局1945年版,第313—316页。

从而建立起全国统一的政权。

在此后若干年中,南京国民党政府在废除不平等条约、取消外国在华特权、收回关税自主权、裁撤厘金制度和大幅度提高关税等方面,都取得了一些进展,对于经济社会发展起到了促进作用。

关于国民党统治初期的经济发展水平,即1927年至1937年国民党统治下的资本主义经济状况,学术界尽管有争议,但多数学者认为,这10年经济仍在发展。有研究提出,1921年至1936年,是资本主义范围扩大时期,资本家增多了,产业工人也增多了,资本主义在生产部门上扩大了,在地域上也扩大了。本国工业资本增长一倍以上,合年率为百分之六。1936年,近代工业占工农业总产值的百分之十点八。但是,1937年日本帝国主义猖狂入侵,使我国生灵涂炭,中国经济遭到巨大破坏。再加上发动内战,我国经济继续遭到巨大损伤,但资本主义发展水平仍有所增长。1949年现代工业总产值七十九点一亿元,占工农业总产值四百六十六点一亿元的百分之十七。[①]

然而,经济的发展主要不是国民党政府发挥作用的结果,相反政府财政收入主要依赖关税、盐税、统税及其他杂税,这加剧了现代经济的负担。在"节制资本"政策下,国民党政府对经济生活的控制和垄断在相当程度上剥夺了资本主义发展的自主权和主动权,遏制了经济的发展。在"以党治国"名义下,竭力限制人民的集会、结社、出版自由,公民权不能得到保障,文化难以得到应有发展。

事实说明,无论是北洋政府还是国民党政府,都不可能担负起实现

[①] 吴承明:《中国资本主义与国内市场》,北京:中国社会科学出版社1985年版,第129—134页。

现代化的重任。

1945年,毛泽东指出:"在一个半殖民地的、半封建的、分裂的中国里,要发展工业,建设国防,福利人民,求得国家富强,多少年来多少人做过这种梦,但是一概幻灭了……这是好消息,这种幼稚的梦的幻灭,正是中国富强的起点。"①

正是看到国民党政府不能担负起实现民族独立、人民解放、国家富强的重任,先进的中国人继续寻找救国救民的真理。中国共产党把实现共产主义作为党的最高理想和最终目标,义无反顾肩负起实现中华民族伟大复兴的历史使命。中国共产党人认识到,要实现中华民族伟大复兴,就必须推翻压在中国人民头上的帝国主义、封建主义、官僚资本主义三座大山,实现民族独立、人民解放、国家统一、社会稳定。中国共产党人创造性地将马克思列宁主义基本原理同中国实际相结合,创立毛泽东思想,找到了一条以农村包围城市、武装夺取政权的正确革命道路,经过28年浴血奋战,完成了新民主主义革命,1949年建立中华人民共和国。中国共产党人决定学习苏联,在社会主义制度下实现国家现代化。由此,中国现代化进入崭新阶段。

三、以学习苏联模式为目标推进现代化的努力(1949—1978年)

中华人民共和国成立,中国人民成为国家、社会和自己的主人,实现了向人民民主制度的伟大跨越,实现了中国高度统一和各民族空前团结,彻底结束了旧中国半殖民地半封建社会的历史,彻底结束了旧中国一盘散沙的局面,彻底废除了外国列强强加给中国的不平等条约和帝国

---

① 《毛泽东选集》第3卷,北京:人民出版社1991年版,第1080页。

主义在中国的一切特权。

新中国成立后,以毛泽东同志为核心的党的第一代中央领导集体带领人民,在迅速医治战争创伤、恢复国民经济的基础上,推进全社会民主革命,加强政治建设、文化建设和国防建设,不失时机地提出了过渡时期总路线,创造性地完成了由新民主主义革命向社会主义革命的转变,使中国这个占世界1/4人口的东方大国进入社会主义社会,成功实现了中国历史上最深刻最伟大的社会变革。新民主主义革命的胜利、社会主义制度的确立,为当代中国一切发展进步奠定了根本政治前提和制度基础,当然也为实现工业化、现代化奠定了基础。

在中国实现现代化(一定时期表述为工业化),是近代以来先进中国人的伟大梦想,更是中国共产党人的不懈追求。

早在1945年4月24日,毛泽东在党的七大政治报告中就明确指出:"在新民主主义的政治条件获得之后,中国人民及其政府必须采取切实步骤,在若干年内逐步地建立重工业和轻工业,使我国由农业国变成工业国。"①1949年3月5日,即新中国成立前夕,毛泽东在党的七届二中全会上再次强调中国由农业国变为工业国的任务。他指出:"在革命胜利以后,迅速地恢复和发展生产,对付国外的帝国主义,使中国稳步地由农业国转变为工业国,把中国建成一个伟大的社会主义国家。"②

通过什么途径、什么方式实现这样的目标呢?1949年6月30日毛泽东在《论人民民主专政》一文中明确指出,"走俄国人的路——这就是结论","苏联共产党是胜利了,在列宁和斯大林领导之下,他们不

---

① 《毛泽东选集》第3卷,北京:人民出版社1991年版,第1081页。
② 《毛泽东选集》第4卷,北京:人民出版社1991年版,第1437页。

但会革命,也会建设。他们已经建设起来了一个伟大的光辉灿烂的社会主义国家。苏联共产党就是最好的先生,我们必须向他们学习"。① 苏联工业化的基本方针是:优先发展重工业,特别是机器制造业。大力发展国营工业,并在国营工业的领导下和合作社的协助下将越来越多的农户引上社会主义建设轨道。在新经济政策的基础上开展无产阶级的经济进攻,全力保证社会主义经济战胜私人资本主义经济。社会主义工业化的方法是自力更生为主,争取外援为辅。学习的途径目标确定之后,接下来就是付诸实践了。

在学习实践苏联社会主义建设道路的过程中,中国共产党人也在积极探索,不断丰富关于工业化、现代化的认识。1957年,毛泽东在《关于正确处理人民内部矛盾的问题》《在中国共产党全国宣传工作会议上的讲话》中进一步提出,要将中国建设成为一个具有现代工业、现代农业和现代科学文化的社会主义国家。1959年,在读苏联《政治经济学教科书》的谈话中,毛泽东强调建设社会主义除了要求工业现代化、农业现代化、科学技术现代化之外,还要加上国防现代化。毛泽东提出,要全面实现这一任务,需要100多年的时间,并且要分两步进行。这些论述,表明中国共产党对现代化的认识日益全面深刻了。

与此同时,毛泽东更提出以苏联为镜鉴的思想,强调创造新的理论、写出新的著作,把马克思列宁主义基本原理同中国实际进行"第二次结合",找出在中国进行社会主义革命和建设的正确道路,制定把我国建设成为强大的社会主义国家的战略思想。

然而,上述可贵探索并没有都很好地得到坚持和贯彻。

---

① 《毛泽东选集》第4卷,北京:人民出版社1991年版,第1468—1481页。

在中国共产党领导下,中国各族人民意气风发投身社会主义建设。在不长的时间里,中国社会发生了翻天覆地的变化,在"一穷二白"的基础上建立起独立的比较完整的工业体系和国民经济体系,使古老的中国以崭新的姿态屹立在世界的东方。

然而,从50年代后期开始,中国的现代化建设走了弯路,遭受严重挫折,并没有如期实现既定目标。对此,邓小平有许多论述。比如:"建国以后,在建设社会主义的问题上,我们有一段时间照搬别人的经验吃了亏,有时是自己太性急了,还搞了'文化大革命'。我们建国几十年来做了些事,也经历了很曲折的道路。""过去我们照搬苏联模式,也有发展,但不顺当。""这些年来,应当承认学得不好。主要精力放到政治运动上去了,建设的本领没有学好,建设没有上去,政治也发生了严重的曲折。"新中国成立后近30年间,国家建设有了很大进步,但人民生活改善很少,中国仍是世界上很贫穷的国家之一。总体上没有摆脱苏联模式的束缚,各方面体制高度集权,实行计划经济,遏制了人民群众的积极性。

很显然,实现国家现代化仍需要中国共产党带领人民继续探索和不懈奋斗。

四、以探索适合中国国情的现代化为目标而进行的努力(1978年至今)

"文革"结束以后,以邓小平为主要代表的中国共产党人,深刻洞察和把握和平与发展的时代特征,准确判断中国国情,带领全党全国各族人民深刻总结我国社会主义建设正反两方面经验,借鉴世界社会主义历史经验,作出把党和国家工作中心转移到经济建设上来、实行改革开放的历史性决策,深刻揭示了社会主义本质,确立社会主义初级阶段基本路线,明确提出走自己的路、建设中国特色社会主义,科学回答了建设中国特色社会主义的一系列基本问题,成功开创了中国特色社会主义。

在坚持和发展中国特色社会主义这篇大文章里,邓小平为它确定了基本思路和基本原则,以江泽民为代表的中国共产党人和以胡锦涛为代表的中国共产党人分别写下精彩篇章。

党的十八大以来,以习近平同志为核心的党中央高瞻远瞩,及时、科学地把握国内外发展大势,顺应实践要求和人民愿望,举旗定向,谋篇布局,迎难而上,开拓进取,取得了改革开放和社会主义现代化建设的巨大历史性成就,推动党和国家事业发生历史性变革,中国特色社会主义进入新时代。

在改革开放和社会主义现代化建设一以贯之的接力探索中,中国共产党人带领人民开辟了中国特色社会主义道路。中国特色社会主义道路,既坚持以经济建设为中心,又全面推进经济建设、政治建设、文化建设、社会建设、生态文明建设以及其他各方面建设;既坚持四项基本原则,又坚持改革开放;既坚持解放和发展生产力,又逐步实现全体人民共同富裕、促进人的全面发展,是实现我国社会主义现代化的必由之路,是创造人民美好生活的必由之路。

在中国特色社会主义道路上,中国共产党人既继承前人探索成果,又深刻研究和把握本国国情、时代特点,科学制定并不断丰富完善了"三步走"现代化发展战略。

1987年,党的十三大正式提出了"三步走"发展战略,即:第一步,实现国民生产总值比1980年翻一番,解决人民温饱问题;第二步,到20世纪末,使国民生产总值再增长一倍,人民生活达到小康水平;第三步,到20世纪中叶,人均国民生产总值达到中等发达国家水平,人民生活比较富裕,基本实现现代化。

在前两个目标提前实现的基础上,1997年,党的十五大提出"两个百年"战略:到建党100年时,使国民经济更加发展,各项制度更加完善;到21世纪中叶中华人民共和国成立100年时,基本实现现代化,建成富强民主文明的社会主义国家。

进入21世纪,随着经济快速发展,中国共产党对现代化的认识更加全面深刻。2002年,党的十六大第一次设计了第一个百年奋斗目标,即:全面建设惠及十几亿人口的更高水平的小康社会;还提出2020年的具体目标,使经济更加发展、民主更加健全、科教更加进步、文化更加繁荣、社会更加和谐、人民生活更加殷实。强调全面建设小康社会的目标,是中国特色社会主义经济、政治、文化全面发展的目标,是与加快推进现代化相统一的目标。

此后,党的十七大、十八大对第一个百年奋斗目标又进行第二次、第三次设计,使全面建设小康社会的标准更高、更均衡、更可持续。2007年,党的十七大在十六大确立的全面建设小康社会目标的基础上对发展又提出新的更高要求。

2012年,党的十八大还把第二个百年奋斗目标丰富为:把我国建设成为富强民主文明和谐的社会主义现代化国家。关于中国特色社会主义,明确指出:总依据是社会主义初级阶段,总布局是经济建设、政治建设、文化建设、社会建设、生态文明建设"五位一体",总任务是实现社会主义现代化和中华民族伟大复兴。

在即将实现全面建成小康社会的背景下,2017年,党的十九大对到本世纪中叶的现代化建设作出进一步部署。报告提出,从党的十九大到二十大,是"两个一百年"奋斗目标的历史交汇期。我们既要全面建成小康社会、实现第一个百年奋斗目标,又要乘势而上开启全面建设社会主义现代化国家新征程，向第二个百年奋斗目标进军。从2020年到本世纪中叶，可以分两个阶段来安排。第一个阶段，从2020年到2035年，在全面建成小康社会的基础上，再奋斗15年，基本实现现代化。第二个阶段，从2035年到本世纪中叶，在基本实现现代化的基础上，再奋斗15年，把我国建设成为富强民主文明和谐美丽的社会主义现代化强国。到那时，我国物质文明、政治文明、精神文明、社会文明、生态文明将全面提升，实现国家治理体系和治理能力现代化，成为综合国力和国际影响力领先的国家，全体人民共同富裕基本实现，我国人民将享有更加幸福安康的生活，中华民族将以更加昂扬的姿态屹立于世界民族之林。这一部署，实际上超过了党的十三大提出的"三步走"战略目标，标准更高，内涵更丰富。在中国人"站起来""富起来"基础上，为"强起来"的目标设置了宏伟行动纲领，必将对实现"两个一百年"奋斗目标和中华民族的伟大复兴发挥重要的促进作用。

在"三步走"发展战略指引下，经过40多年改革开放，经过持续不懈的努力和拼搏，我国社会主义现代化取得举世瞩目的成就，极大地改变了中国的面貌、中华民族的面貌、中国人民的面貌、中国共产党的面貌。中华民族迎来了从站起来、富起来到强起来的伟大飞跃。我们用几十年时间走完了发达国家几百年走过的工业化历程。其间，中国坚定奉行独立自主的和平外交政策，尊重各国人民自主选择发展道路的权利，维护国际公平正义，反对把自己的意志强加于人，反对干涉别国内政，反对以强凌弱。中国共产党人从描绘一个又一个宏伟蓝图，到带领人民将它们一个个变成现实，开辟出一条实现中国式现代化的道路，丰富了现代化的内涵、拓宽了实现现代化的途径，给世界那些既希望加快发展又希望保持自身独立性的国家和民族提供了全新选择，为解决人类问题贡献了中国智慧和中国方案。

近一百年前，历经坎坷仍不懈追求民族强盛的孙中山强调，中国如果强盛起来，我们不但要恢复民族的地位，还要对于世界负一个大责任。我们要先决定一种政策，要"济弱扶倾"。我们对于弱小民族要扶持他，对于世界的列强要抵抗他。如果全国人民都立定这个志愿，中国民族才可以发达。60多年前，1956年11月，毛泽东在《纪念孙中山先生》一文中指出："一九一一年的革命，即辛亥革命，到今年，不过四十五年，中国的面目完全变了。再过四十五年，就是二千零一年，也就是进到二十一世纪的时候，中国的面目更要大变。中国将变为一个强大的社会主义工业国。中国应当这样。因为中国是一个具有九百六十万平方公里土地和六万万人口的国家，中国应当对于人类有较大的贡献。"孙中山、毛泽东的愿望正在也必将变成现实。

"明镜所以照形，古事所以知今。"今天，我们回顾和反思近代以来百年屈辱开启的现代化强国之路，是为了总结历史经验，把握历史规律，增强开拓前进的勇气和力量。我们深刻认识到：现在，中国已经找到了实现现代化的正确道路，中国人民和中华民族在历史进程中积累的强大能量已经充分爆发出来了，为实现社会主义现代化和中华民族伟大复兴提供了势不可当的磅礴力量。我们要倍加珍惜近代以来先进中国人不断为之接续奋斗、最终由中国共产党带领人民开创的中国特色社会主义道路，进一步坚定道路自信、理论自信、制度自信和文化自信，万众一心，乘势而上，为建设社会主义现代化强国、实现中华民族伟大复兴努力奋斗。

中国共产党成立前后两个一百年的巨大转变
——从落后挨打到走向伟大复兴

习近平总书记是这样评价中国共产党成立的:"这一开天辟地的大事变,深刻改变了近代以后中华民族发展的方向和进程,深刻改变了中国人民和中华民族的前途和命运,深刻改变了世界发展的趋势和格局。"① 这一评价深刻阐明了中国共产党的成立对于中国人民和中华民族的意义,对于世界发展趋势和格局的影响。如果仅从党成立一百年来理解这一评价,可能还不是很够。如果将中国共产党成立前后两个一百年联系起来理解,效果就会大不一样。

---

① 《习近平关于"不忘初心、牢记使命"重要论述选编》,北京:党建读物出版社、中央文献出版社2019年版,第224、383页。

1821年到1921的一百年,是中国从"康乾盛世"的余晖里走向衰落、被列强瓜分的一百年,是中国人民无数仁人志士、各阶级的代表不屈不挠、苦苦寻求中国现代化之路,但未能成功的一百年。1821年,恰值道光元年。此时,大清朝还沐浴在封建社会鼎盛时期"康乾盛世"的余晖里。然而,清朝封建统治已经开始走下坡路、日益呈现衰败迹象。一方面,长期积累的种种社会矛盾,不断爆发为人民群众的武装反抗,动摇清朝的统治;另一方面,确立了资产阶级政治统治和资本主义生产关系、推进了工业革命的西方国家,以英国为代表在向东方寻求殖民利益中不断叩击着中国的大门,几千年因袭下来的专制统治和文化面临着前所未有的考验。在此之前,1792年和1815年,英国分别向清朝派出以马戛尔尼为首和以阿美士德为首的使团,探听中国情况,谋取商业利益和各项特权,乾隆帝和嘉庆帝在接待和处理英国使团无理要求时,表现出了对英国侵略企图的必要警惕,但也暴露了昧于世界形势以"天朝"自居、纠葛于礼仪的保守性和落后性,没有能够组织起有效的应对措施。双方正常交往渠道中断。到了道光年间,西方国家经济力量在中国的自给自足经济面前无能为力,除了以白银支付以外,别无其他办法弥补贸易差额。在这种情况下,西方侵略者不择手段,用走私鸦片的方式来毒害中国人民、改变贸易上的逆差。西方商人从鸦片"贸易"中得到"巨大的繁荣",鸦片泛滥却给中国人民带来巨大灾难。清政府派林则徐赴广州收缴、销毁鸦片,实行全国范围内的禁烟,中英之间的矛盾急剧激化。中国与西方国家之间的冲突不可避免。1840年6月,英国派兵侵华。面对船坚炮利的英军,手握弓箭长矛的清兵节节败退。最终,中国被迫与英国签定《南京条约》,以割地赔款、开放口岸城市等宣告结束。由此,中国的独立和领土完整遭到破坏,开始沦为半殖民地半封建社会,山河破碎,生灵涂炭,中华民族遭受了前所未有的苦难。救亡图存的民族使命迫在眉睫。争取民族独立、人民解放,实现国家富强、人民幸福,成为中国人民必须完成的历史任务。为改变中华民族的命运,无数仁人志士、各阶级的代表进行了千辛万苦的探索和不屈不挠的斗争。

第一,农民阶级的太平天国运动和义和团运动

反帝反封建斗争的主力最初是农民阶级。在封建统治势力压迫下的中国农民有着强烈的反抗性,他们自发进行的斗争给了外国侵略者和中国封建统治势力以沉重打击。其中,最具代表性的是太平天国运动和义和团运动。

鸦片战争爆发后的大约十年,即1851年,爆发了洪秀全领导的太平天国运动。1853年,马克思就指出:"中国的连绵不断的起义已经延续了约十年之久,现在汇合成了一场惊心动魄的革命;不管引起这些起义的社会原因是什么,……推动了这次大爆发的毫无疑问是英国的大炮。"[①] 太平天国运动历时14年,席卷18个省,在南京建立起与清王朝对峙的太平天国政权,颁布了中国农民运动史上第一个完整的土地革命纲领——《天朝田亩制度》,制订出带有浓厚空想色彩的平均主义分配方案,以解决土地问题为中心,内容涉及政治、军事、经济和文化等方面。1859年,洪仁玕颁布了包括实行新的经济政策、仿效西方国家等内容的《资政新篇》。但由于历史和阶级的局限性,在国内外反动势力的联合剿杀下,太平天国运动失败了,上述方案都没有能够得到真正实施。

19世纪末,在帝国主义掀起瓜分中国的狂潮之际爆发的义和团运

[①] 《马克思恩格斯选集》第1卷,北京:人民出版社2012年版,第779页。

动,虽然具有狭隘和落后的一面,但其矛头直指帝国主义侵略者。他们凭借手里的大刀长矛,以异乎寻常的勇敢精神同拥有最先进武器的八国联军进行殊死搏斗。最终虽然失败,但使得侵略者不得不承认:如此"民气坚劲"的中国是不可征服的。

第二,封建统治阶级的洋务运动和立宪运动

在农民起义的同时,清朝政府中的开明人士也开始了旨在以维护封建统治为前提、学习西方推进现代化的努力,最突出的是自强运动和立宪运动。

自强运动是晚清政府在内忧外患交织的危急形势下的自救运动。1861年初,清政府宣布设立总理各国事务衙门和北洋、南洋两位通商大臣,这是推行自强"新政"的先声。然后,以派员采购外洋船炮并演习制造为开路,在各地建立起一批子弹局、火药局、军械局、机器局、船政局等。到80年代中期,发展成为扩建海军、兴办民用企业、开矿山、试办电报邮政、翻译西学著作、派遣留学生出国、设立新学堂,甚至动工开始修筑铁路。自强运动促进中国初始工业化和防卫现代化,是"师夷之长技"取得的重要成果。然而,1894年至1895年中日甲午战争,北洋舰队全军覆没和清朝军队在陆战中的一败涂地,宣告了自强运动的失败。

立宪运动,是在八国联军进占北京之后,迫于压力,1901年年初,慈禧太后才下诏变法。下令京内外大臣官吏在两个月内"整顿中法,以行西法"的各种建议。清政府在1905年宣布废除了中国历史上延续一千多年的科举制,并派五大臣分赴欧美、日本等东西各国考察。1906年,光绪皇帝奉太后懿旨颁谕,略称:"各国之所以富强者,实由于实行宪法,取决公论……"同年9月20日,终于决定大幅度改革行政组织,作为进行西方式立宪的准备。然而,历史已不给清政府时间了,革命潮流兴起,很快将新政淹没。

第三,资产阶级的戊戌维新变法和辛亥革命

19世纪末,随着民族资本主义的发展,中国民族资产阶级开始登上政治舞台。这一新生的社会力量虽然还很弱小,却是新生产力的代表,他们先后发起了戊戌维新变法和辛亥革命。

在检讨自强运动失败原因时,有识之士纷纷将目光对准政治制度。因此,在内忧外患纷起的形势下,就有了以康有为、梁启超、谭嗣同为代表,以"救亡图存"为号召发起的维新变法运动。但这场维新改革刚刚开始就被保守势力发动的政变所破坏。

几乎在资产阶级维新运动发轫的同时,资产阶级革命派开始从事以推翻清王朝专制统治为目标的革命斗争,这一派的领袖人物是伟大的爱国主义者、中国民主革命的伟大先行者——孙中山。孙中山先生发起成立资产阶级革命政党——中国同盟会。中国同盟会成立后,广泛进行了革命宣传和鼓动,积极联络会党和新军,组织发动起义,促进了革命高潮的到来。

1911年辛亥革命爆发,清政权被推翻。辛亥革命不仅推翻了清王朝的封建统治,而且结束了统治中国几千年的君主制度,在中国大地上树起民主共和的旗帜,有力地促进了中华民族的觉醒,推动了中国人民的思想解放,激励中国人民为争取民族独立和人民解放、实现国家富强而更加勇敢地奋斗。

辛亥革命虽然成功了,但革命果实却落到以袁世凯为代表的北洋军阀手里。面对政治混乱、经济落后,孙中山先生其实也是一筹莫展。清末民初民主革命家章太炎曾经嘲笑孙中山先生的处境说:"政府号令,不出百里,孙公日骑马上清凉山耳。"[①] 军阀混战,使国家陷入长期分裂

---

① 《太炎先生自定年谱》,载《近代史资料》1957年第1期。

和动乱之中。资产阶级革命派和改良派进行的一系列活动遭遇失败,证明在帝国主义和封建势力异常强大的半殖民地半封建国家,资产阶级和代表资产阶级的政治力量,不可能领导中国民主革命取得胜利。旧民主主义的革命道路,即资产阶级领导的以建立资产阶级民主共和国为目的的革命道路,已经走不通了。在追寻民族独立、人民解放的过程中,先进中国人仍在苦苦寻求中国现代化之路。孙中山先生的《建国方略》被称为近代中国谋求现代化的第一份蓝图,但在半殖民地半封建社会条件下,中国现代化没有也不可能取得成功。

当时,许多爱国者深深陷入苦闷绝望境地。孙中山先生慨叹"民初不如晚清","夫去一满清之专制,转生出无数强盗之专制,其为毒之烈,较前尤甚,于是而民愈不聊生矣!"新中国成立后曾担任中国人民大学校长的吴玉章回忆道:"辛亥革命给长期黑暗无际的中国带来了一线光明,当时人们是多么的欢欣鼓舞啊!但是,转瞬之间,袁世凯窃去国柄,把中国重新投入黑暗的深渊,人们的痛苦和失望,真是达到了极点,因此有的便走上了自杀的道路。"毛泽东同志在《论人民民主专政》中回顾道:"中国人向西方学得很不少,但是行不通,理想总是不能实现。多次奋斗,包括辛亥革命那样全国规模的运动,都失败了。国家的情况一天一天坏,环境迫使人们活不下去。"

从1821年至1921年,整整一百年过去了。事实证明,不触动封建根基的自强运动和改良主义,旧式的农民战争,资产阶级革命派领导的革命,照搬西方资本主义的其他种种方案,都不能完成中华民族救亡图存的民族使命和反帝反封建的历史任务。要解决中国发展进步问题,必须找到能够指导中国人民进行反帝反封建革命的先进理论,必须找到能够领导中国社会变革的新的社会力量。

在这样的形势下,1921年中国共产党诞生了。中国共产党是在近代以后中国社会剧烈运动中,在中国人民反抗封建统治和外来侵略的激烈斗争中,在马克思列宁主义同中国工人运动的结合过程中应运而生的。

在1921年以前,世界上发生了两件大事:一件是1914年爆发第一次世界大战,它让中国人感到震惊;另一件是1917年俄国发生十月社会主义革命,它使中国人看到希望。第一次世界大战使得西方资本主义制度的固有矛盾和弊端暴露无遗。通过这场战争,中国先进分子进一步强烈感受到西方资本主义制度已经失去光明前途,由此开始对西方资本主义制度进行反思和批判。李大钊认为,第一次世界大战"使欧洲文明之权威大生疑念"。陈独秀表示,"我们相信世界上的军国主义和金力主义,已经造成了无穷罪恶,现在是应该抛弃的了"。这种反思,为中国先进分子放弃资产阶级共和国方案,继续探索救国救民的真理和接受社会主义思潮,创造了有利条件。

俄国十月社会主义革命极大地鼓舞了中国人民和中国的先进分子。俄国在沙皇统治时期政治腐朽、经济落后,国情与中国有近似之处,又与中国有漫长的边界。十月革命胜利,对中国产生了巨大影响。正如毛泽东同志指出的"十月革命一声炮响,给我们送来了马克思列宁主义。十月革命帮助了全世界的也帮助了中国的先进分子,用无产阶级的宇宙观作为观察国家命运的工具,重新考虑自己的问题。走俄国人的路——这就是结论。"[①]

其实,辛亥革命失败后,中国社会已经发生了不小的变化。经济方面,民国初年掀起振兴实业的热潮,第一次世界大战期间民族工业更是

[①]《建党以来重要文献选编(一九二一——一九四九)》第26册,北京:中央文献出版社2011年版,第503页。

抓住机会加快发展。近代工业特别是民族资本主义的发展，促进了新的革命力量的成长。在资产阶级有所发展的同时，中国无产阶级也有了进一步的发展。在民族危机和社会危机日益严重的情况下，在俄国十月革命和新思潮影响下，中国无产阶级迅速觉醒成长起来，成为中国反帝反封建的民主革命的领导阶级。思想文化方面，先进知识分子发起新文化运动，宣传民主和科学，对封建专制进行批判。马克思主义开始得到传播，但没有引起很多人注意。新文化运动虽然有其局限性，但它唤醒了一代青年，在社会上掀起一股生气勃勃的潮流。政治方面，巴黎和会上中国外交的失败让中国人民看清了西方列强的真实面目，也看清政府的软弱无能，中国爆发五四爱国运动。五四运动促进了马克思主义在中国的广泛传播，促进了马克思主义同中国工人运动相结合，为中国共产党成立做了思想上干部上的准备。

中国共产党一经成立，就把实现共产主义作为党的最高理想和最终目标，义无反顾地肩负起实现中华民族伟大复兴的历史使命，团结带领人民进行了艰苦卓绝的斗争，为中华民族作出伟大历史贡献。

一是推翻压在中国人民头上的帝国主义、封建主义、官僚资本主义三座大山，实现民族独立、人民解放

从世界各国走向现代化的历史来看，都是在建立了近代民族国家以后，对内实现有效治理、组织起经济建设，对外能够维护国家独立和主权，才逐步实现现代化的。按此标准，无论晚清朝廷、北洋军阀还是国民党统治，不仅不是称职政府，相反由于它们与帝国主义相互勾结联合压迫剥削中国人民，反而成为革命的对象。

然而，在一个半殖民地半封建的东方大国进行革命，面对的特殊国情是农民占人口绝大多数，落后分散的小农经济、小生产及其社会影响根深蒂固，又遭受着西方列强的侵略压迫，经济文化十分落后，选择一

条什么样的道路才能把中国革命引向胜利成为首要难题。年轻的中国共产党，一度简单套用马克思列宁主义关于无产阶级革命的一般原理和照搬俄国十月革命城市武装起义的经验，先后遭受1927年大革命失败、1934年第五次反"围剿"失败的严重挫折。

从革命斗争的这种挫折教训中，以毛泽东同志为主要代表的中国共产党人深刻认识到，面对中国的特殊国情，面对压在人民头上的三座大山，中国革命将是一个长期过程，不能以教条主义的观点对待马克思列宁主义，必须从中国实际出发，实现马克思主义中国化。中国共产党人创造性地解决了马克思列宁主义基本原理同中国具体实际相结合的一系列重大理论问题，深刻分析中国社会形态和阶级状况，经过不懈探索，弄清了中国革命的性质、对象、任务、动力，提出通过新民主主义革命走向社会主义的"两步走"战略，制定了新民主主义革命总路线，开辟了以农村包围城市、武装夺取政权的革命道路。中国共产党人还创造性地解决了在中国这种特殊的社会历史条件下建设马克思主义政党、创建新型人民军队和建立革命统一战线等重大问题。通过创造性提出和实施战略策略，以及解决中国革命进程中一道道极为复杂的难题，中国共产党人引领中国革命航船不断乘风破浪胜利前进。经过二十八年浴血奋战，我们党和人民在战胜日本帝国主义侵略后，经过人民解放战争，推翻了三座大山，夺取了新民主主义革命的胜利，实现了几代中国人梦寐以求的民族独立和人民解放。这一胜利，结束了中国人民被剥削被压迫的历史，中国人民从此站立起来、当家作主；这一胜利，使中华民族一洗百年来所蒙受的耻辱，光荣地自立于世界民族之林；这一胜利，是20世纪继俄国十月社会主义革命和反法西斯的第二次世界大战之后，世界历史上最重大的政治事件，冲破了帝国主义东方阵线，推动了世界被压迫民族和人民争取解放的斗争。

二是建立符合我国实际的先进社会制度,推进现代化建设,逐步实现国家富强、人民幸福

世界各国现代化历史说明,没有先进的社会制度,国家很难实现现代化。新中国成立后,以毛泽东同志为主要代表的中国共产党人带领人民,在迅速医治创伤、恢复国民经济的基础上,不失时机地提出了过渡时期总路线,创造性地完成了由新民主主义革命向社会主义革命的转变,使中国这个占世界四分之一人口的东方大国进入了社会主义社会,成功实现了中国历史上最深刻最伟大的社会变革。

在此基础上,党带领人民对中国的现代化建设进行了艰辛探索。1954年,周恩来同志在《政府工作报告》中明确指出:"如果我们不建设起强大的现代化的工业、现代化的农业、现代化的交通运输业和现代化的国防,我们就不能摆脱落后和贫困,我们的革命就不能达到目的。"1964年,周恩来同志在《政府工作报告》中再次提出了"两步走",全面实现农业、工业、国防和科学技术现代化的设想。在中国共产党领导下,我国各族人民意气奋发投身中国历史上从来不曾有过的热气腾腾的社会主义建设。在不长的时间里,我国社会就发生了翻天覆地的变化,建立起独立的比较完整的工业体系和国民经济体系,独立研制出"两弹一星",成为在世界上有重要影响的大国,积累起在中国这样一个社会生产力水平十分落后的东方大国进行社会主义建设的重要经验。

在社会主义革命和建设时期,我们党在寻找正确道路中也历经艰辛。一开始"一边倒"照搬苏联模式,发现问题后开始积极探索,也取得了一些成果。后来,由于对国际国内形势的认识逐步发生偏差,指导思想也发生偏差,最后发生了"文化大革命"这样的全局性的长时间的严重错误。

三是合乎时代潮流、顺应人民意愿，勇于改革开放，把我国建设成为社会主义现代化强国。

恩格斯曾经指出："所谓'社会主义社会'，不是一种一成不变的东西，而应当和任何其他社会制度一样，把它看成是经常变化和改革的社会。"[①]"文化大革命"十年挫折就是很好的说明。"文化大革命"结束后，以邓小平同志为主要代表的中国共产党人带领全党全国各族人民坚持解放思想、实事求是，以巨大的政治勇气和理论勇气，科学评价毛泽东同志和毛泽东思想，彻底否定"以阶级斗争为纲"的错误理论和实践，深刻总结我国社会主义建设正反两方面经验，借鉴世界社会主义历史经验，作出把党和国家工作中心转移到经济建设上来、实行改革开放的历史性决策，深刻揭示社会主义本质，确立社会主义初级阶段基本路线，提出走自己的路、建设中国特色社会主义，科学回答了建设中国特色社会主义的一系列基本问题，成功开创了中国特色社会主义。

坚持和发展中国特色社会主义是一篇大文章，邓小平同志为它确定了基本思路和基本原则，以江泽民同志为主要代表的中国共产党人和以胡锦涛同志为主要代表的中国共产党人接续探索，在这篇大文章上都写下了精彩篇章。在2010年，中国超越日本成为全球第二大经济体。

党的十八大以来，以习近平同志为主要代表的中国共产党人，坚持把马克思主义基本原理同中国具体实际相结合、同中华优秀传统文化相结合，坚持毛泽东思想、邓小平理论、"三个代表"重要思想、科学发展观，深刻总结并运用党成立以来的历史经验，从新的实际出发，创立了习近平新时代中国特色社会主义思想。在习近平新时代中国特色社会主

[①]《马克思恩格斯文集》第10卷，北京：人民出版社2009年版，第558页。

义思想指导下,中国共产党领导全国各族人民统筹推进"五位一体"总体布局,协调推进"四个全面"战略布局,解决了许多长期想解决而没有解决的难题,办成了许多过去想办而没有办成的大事,推动党和国家事业发生历史性变革、取得历史性成就,近代以来久经磨难的中华民族迎来了从站起来、富起来到强起来的伟大飞跃,迎来了实现中华民族伟大复兴的光明前景。

随着中国日益走近世界舞台中央,中国特色社会主义对世界社会主义发展、对整个世界的发展日益发挥重要影响、作出突出贡献。从理论创新看,习近平新时代中国特色社会主义思想是指导中国、影响世界的当代中国的马克思主义,是21世纪的马克思主义。这一思想,是在中国特色社会主义进入新时代的历史条件下形成的,是在科学社会主义焕发新生机、两种社会制度的较量呈现新态势的背景下形成的,是在世界百年未有之大变局中形成的。这一思想,既回答时代课题、指导推动实践发展,又具有独特理论品质和思想感召力,彰显着坚定理想信念、人民情怀、问题导向,充满着无畏担当精神。习近平新时代中国特色社会主义思想,始终贯穿着对民族命运的担当、对人民幸福的担当、对管党治党的担当、对美好世界的担当。正因为这一思想具有如此丰富深刻的内涵和特点,在世界范围内日益产生广泛感召力和影响力,得到普遍认同和高度赞誉。

从实践发展看,中国特色社会主义进入新时代,中国共产党推进"四个全面"战略布局,不断发展和完善中国特色社会主义制度,推进国家治理体系和治理能力现代化,在处理涉及世界范围一系列经济、政治、文化、民族、宗教等难题,特别是在应对新冠肺炎疫情难题上,凸显"中国之治"。2020年中国在全球主要经济体中唯一实现经济正增长,决胜全面建成小康社会取得决定性成就,形成了独特制度优势和治理优势，为世界治理贡献了中国经验、中国智慧、中国方案。

四是中国人民两百年苦难辉煌、浴火重生的现实有力地说明，一个国家要想将美好愿景变成活生生现实，一定会经受血与火的洗礼，才能找到适合自己的现代化道路

从两个一百年的比较中，我们可以更加清楚地发现：第一个一百年，中国人民和无数仁人志士不屈不挠，苦苦寻求中国现代化之路，但不能成功。第二个一百年，自中国共产党成立以后，中国人民谋求民族独立、人民解放和国家富强、人民幸福就有了主心骨，中国人民从精神上由被动转为主动，是中国共产党改变了中国人民和中华民族落后挨打的命运，经过百年奋斗，中华民族伟大复兴展示光明前景，中国日益走近世界舞台的中央，为世界和平、全球发展、国际秩序维护提供中国方案、作出自己贡献。

马克思曾经指出："工业较发达的国家向工业较不发达国家所显示的，只是后者未来的景象。"然而，这些工业发达国家首先展示的是野蛮侵略，它们带给中国人民深重的苦难，这引起马克思的高度关注。第二次鸦片战争期间，马克思撰写了十几篇关于中国的文章，向世界揭露西方列强侵略中国的真相，为中国人民伸张正义。马克思、恩格斯高度肯定中华文明对人类文明进步的贡献，还科学预见"中国社会主义"的出现，甚至为他们心中的新中国取了靓丽的名字——"中华共和国"。然而，一个国家要将美好愿景变成活生生现实，一定会经受血与火的洗礼，才能找到适合自己的现代化道路。中国人民两百年苦难辉煌、浴火重生就是最好的说明。

历史是最好的教科书，也是最好的清醒剂。回顾历史是为了总结历史经验、把握历史规律，增强开拓前进的勇气和力量。在实现第一个百年奋斗目标，在中华大地上全面建成小康社会，历史性地解决了绝对贫

困问题,正在意气风发向着全面建成社会主义现代化强国的第二个百年奋斗目标迈进之际,让我们一起重温习近平总书记意味深长的讲话:"在近代以来漫长的历史进程中,中国人民经历了太多太多的磨难,付出了太多太多的牺牲,进行了太多太多的拼搏。现在,中国人民和中华民族在历史进程中积累的强大能量已经充分爆发出来了,为实现中华民族伟大复兴提供了势不可当的磅礴力量。""建成社会主义现代化强国,实现中华民族伟大复兴,是一场接力跑,我们要一棒接着一棒跑下去,每一代人都要为下一代人跑出一个好成绩。"[①] 我们要以接力赛的精神状态,奋进新时代、建功新征程。我国是世界上最大的社会主义国家,当我国建成社会主义现代化强国、实现中华民族伟大复兴中国梦时,就成为世界上第一个不是走资本主义道路而是走社会主义道路成功建成现代化强国的国家,中国共产党领导人民在中国进行的伟大社会革命将更加展示出其历史意义。

---

① 《习近平关于"不忘初心、牢记使命"重要论述选编》,北京:党建读物出版社、中央文献出版社2019年版,第224、383页。

中国共产党人建立新中国的宣言书：
《新民主主义论》

1940年初，抗日战争进入最艰难阶段，中国到底向何处去、应该怎么办，这拷问着每一个中国人。此时，毛泽东发表了《新民主主义论》，运用马克思列宁主义理论，深刻分析中国社会形态和阶级状况，弄清中国革命的性质、对象、任务、动力，提出通过新民主主义革命向社会主义革命两步走战略，描绘了新民主主义社会蓝图，及时回答了时代之问、中国之问，给处于苦闷中的中国人指明了前进的方向。《新民主主义论》是中国共产党人建立新中国的宣言书。

一、回答时代之问：中国向何处去？

《新民主主义论》首先将问题摆出来。文章一开始就指出，抗战以来,全国人民有了一种欣欣向荣的气象,大家以为有了出路,愁眉锁眼的姿态为之一扫。但是近来的妥协空气,反共声浪,忽又甚嚣尘上,又把全国人民打入闷葫芦里了。于是怎么办,中国向何处去,又成为问题了。

事实上中国向何处去的问题,近代以来一直是摆在中国人民面前需要回答的最大问题。

鸦片战争后,中国陷入内忧外患的黑暗境地,人民遭受深重苦难。无数仁人志士进行了可歌可泣的斗争,进行了各式各样救国救民的探索,但都以失败告终。十月革命给中国送来了马克思列宁主义,为中国人民点亮了前进的灯塔。1921年中国共产党的成立,使中国革命的面貌焕然一新。但是,在一个半殖民地半封建的东方大国,如何将中国革命引向胜利,是马克思主义发展史上前所未有的难题,年轻的中国共产党缺乏经验,前进的道路上充满坎坷。

1924年开始的国共第一次合作掀起轰轰烈烈的大革命高潮,但1927年四一二反革命政变将共产党人淹没在血泊中。面对国民党反动派的屠杀,共产党人举行了一系列武装起义,创建革命根据地,掀起土地革命风暴。由于简单套用马克思列宁主义关于无产阶级革命的一般原理和照搬俄国十月革命城市武装起义的经验,中国革命再次遭受严重挫折,被迫进行长征。1935年召开的遵义会议,事实上确立了毛泽东在党中央和红军中的领导地位,开启了党独立自主解决中国革命实际问题的新阶段,打开了中国革命的新局面。

在这期间,日本帝国主义不断扩大对中国的侵略,民族危机日益深重。1931年策动九一八事变、侵占中国东北全境,1935年制造华北事变,1937年7月7日以炮轰宛平城和进攻卢沟桥为标志,发动全面侵华战争。在这样的形势下,国共两党重新联合开展第二次合作,推动全民族抗日统一战线的形成和发展,中国进入全民族抗战阶段。

国共合作受到全国各族人民、各民主党派和爱国民主人士的热烈欢迎。国民党左派领袖宋庆龄兴奋地表示:"我听到这个消息,感动得几乎要下泪。"全国抗日救亡运动高潮深入城乡各个社会阶层。广大爱国华侨在世界各地也积极开展抗日救国运动。毛泽东深刻论述了抗日统一战线的意义,他指出:"历史的车轮将经过这个统一战线,把中国革命带到一个崭新的阶段上去。中国是否能由如此深重的民族危机和社会危机中解放出来,将决定于这个统一战线的发展状况。"①

抗日统一战线的形成使抗战出现崭新局面,粉碎了日本侵略者速战速决灭亡中国的狂妄计划。从1937年7月卢沟桥事变到1938年10月广州、武汉失守,是全国抗战的战略防御阶段。国共两党及其领导的军队在合作抗日的旗帜下协同作战,对日军进行了较为有效的抗击,使日军实力受到较大的消耗。战争规模的扩大及日本所投入兵力之多、损失之大,大大超过日本侵略者的最初预想,日本在战略上已矛盾重重,日益陷入被动局面。到1938年底,日本陆军在中国战场上的兵力已达24个师团。日军在战争中的伤亡已达44.7万人。日本不得不停止对中国正面战场的战略进攻。抗日战争开始出现战略相持局面。

然而,在抗战中,国民党、共产党实行了不同的抗战路线。国民党推行的是单纯依靠政府和军队抗战的片面抗战路线,共产党实行全体人民参加战争、支援战争的全面抗战路线。不同的抗战路线,带来的影响是不同的。

在抗战中,中国共产党领导的八路军、新四军,以及全国各界民众组织的抗日自卫武装等,对抵抗日军侵略起到越来越重要的作用。

---

① 《毛泽东选集》第2卷,北京:人民出版社1991年版,第364页。

特别是随着共产党领导的敌后抗日游击战争的迅速展开,抗日民主根据地的建立,钳制了日军的大量兵力,有力配合和支援了国民党军队的正面作战。党的队伍和人民武装也得到迅速发展。到1938年底,共产党员人数已从全国抗战开始的4万多人发展到50余万人,成为具有广泛群众基础的大党。从1937年9月到1938年10月,八路军、新四军同日、伪军作战1600余次,毙伤俘敌5.4万余人,八路军发展到15.6万余人,新四军发展到2.5万余人,敌后根据地总人口达5000万以上。随着党的领导进一步加强、党的理论路线方针政策进一步发展,党领导的敌后抗战威力进一步发挥,人民抗日力量不断成长壮大。到1940年,中国共产党领导的武装部队由抗战开始时的5万多人发展到50多万人,此外还有大量的地方武装和民兵。除陕甘宁边区外,在华北、华中和华南建立了16块抗日根据地。这些根据地共拥有近1亿人口,成为全国抗战的重心。

在抗战初期,国民党对抗战也是较为努力的。在政治上,同共产党的关系有所改善,对群众的抗日运动有所开放,全国出现了一些令人鼓舞的气象。但是,国民党从大地主、大资产阶级的利益出发,害怕共产党领导的人民抗日力量的发展壮大会危及自己的统治地位,实行片面抗战路线,不可避免地给抗战带来很多困难和障碍。以国民党军队为主体的正面战场打过一些胜仗,但打得并不好,军队损失很大,伤亡约80万人。北平、天津、上海、南京、杭州、广州、武汉等重要城市,以及这些城市周围的广大地区相继沦陷。日本军队推进得如此迅速,中国人民遭受空前严重的损失,是同国民党统治集团执行片面抗战路线和单纯防御战略方针分不开的。

抗日战争进入相持阶段后,中国与日本、国民党与共产党之间的"两国三方"关系,呈现异常复杂的局面。鉴于前一阶段中国各派政治力量对抗战的不同态度,日本侵略者对国民党军队由军事打击为主转变为政治诱降为主,日军作战的主攻方向由对国民党的正面战场转向对共产党领导的敌后战场。随着日本对华政策的这种转变,国民党政府面对共产党领导的抗日武装力量的不断壮大和抗日根据地的快速发展,其政策重点也由对外转向了对内,实行消极的抗日、积极的反共政策,发动了一次又一次的武装磨擦事件。

中国共产党遇到了前所未有的新情况和复杂局面。在民族矛盾仍是主要矛盾的条件下,如何处理以或隐或显、时起时伏的形式表现出来的尖锐的阶级矛盾。民族大敌当前,不能不以主要力量继续抗击日本侵略者,为了自卫又不能不对国民党顽固派反共磨擦进行斗争。中国共产党党内以王明为代表的右倾主义派别,政治上过分强调统一战线中的联合,影响独立自主原则贯彻;军事上不重视开展敌后根据地的斗争,对党领导的游击战争的作用认识不足。1938年党的六届六中全会,确定了毛泽东在全党的领导地位,统一了全党的步调。全会基本上克服了以王明为代表的右倾错误,但问题并没有完全解决。

国民党顽固派不仅在军事上搞磨擦,在思想战线上也对共产党和马克思主义发起了攻势。他们阉割、抹杀孙中山三民主义的革命精神,把三民主义变成反共旗帜。国共双方围绕三民主义的问题展开了激烈的论战。1939年1月,蒋介石在国民党五届五中全会上作题为《唤醒党魂,发扬党德,巩固党基》的报告,并作题为《整理党务之要点》的讲话。他强调的所谓"唤醒党魂""发扬党德",就是实行"一个主义""一个政党""一个领袖"的专制主义。国民党的"宣传家"也声称:"中国有了三民主义就够了,用不着社会主义";共产主义"不合于中国的历史道路"。国家社会党的张君劢也发表致毛泽东的公开信,要求共产党取消边区,取消八路军、新四军,"将马克思主义暂搁一边"。① 这些破坏团结抗日的言论,使广大群众对抗战前途和中国的未来深感担忧。

面对严峻复杂的形势,中国共产党一方面要高举自卫的旗帜,开展反磨擦斗争,粉碎国民党的反共高潮;另一方面要进行理论上的斗争,捍卫马克思主义和孙中山的三民主义革命原则,并系统阐明对中国革命各项问题的基本观点。这时的中国共产党,已经有了大革命、土地革命和抗战爆发以来十多年的成功和失败的丰富经验、高超智慧和坚定信心,已经成为政治上成熟的政党。以毛泽东为代表的中国共产党人,已经能将马克思主义基本原理同中国革命的具体实践纯熟地结合起来,能够系统地回答前面所说的问题。正如胡乔木指出的,中国共产党人能够创立完整的新民主主义理论,因为这时已经拥有大面积的抗日民主根据地和大量的人民抗日武装力量,已经在抗日战争的发展中证明其军事主张和政治主张的正确性和有效性,已经拥有多方面的丰富的政治经验,在人民中间享有崇高的政治威信,足以对未来中国前途拥有有决定影响的发言权。②

二、进行新民主主义革命

毛泽东的回答,没有立即聚焦当时理论争论的焦点——三民主义问题,而是通过发表以《新民主主义论》为代表的一系列著作,举起新民主主义的旗帜,强调首先要进行新民主主义革命,然后在此基础上再

---

① 张君劢:《致毛泽东先生一封公开信》,载《再生》第10期,1938年12月16日。
② 胡乔木:《中国共产党怎样发展了马克思主义》,载《胡乔木谈中共党史》,北京:人民出版社1999年版,第410页。

走第二步,进行社会主义革命。

毛泽东在《新民主主义论》第一段提出中国向何处去之问后,在第二段明确提出,我们要建立一个新中国。他强调,"我们共产党人,多年以来,不但为中国的政治革命和经济革命而奋斗,而且为中国的文化革命而奋斗;一切这些的目的,在于建设一个中华民族的新社会和新国家。在这个新社会和新国家中,不但有新政治、新经济,而且有新文化"。[1]要建立这样的新国家,就要从中国社会国情出发进行符合中国历史特点的革命。

从第三段开始,毛泽东坚持以马克思列宁主义为指导,运用"一定的文化(当作观念形态的文化)是一定社会的政治和经济的反映,又给予伟大影响和作用于一定社会的政治和经济;而经济是基础,政治则是经济的集中的表现"[2]的基本观点,以对中国国情的深刻认识为基础,制定了中国革命两步走战略,对中国进行新民主主义革命和社会主义革命展开论述,旗帜鲜明地强调首先进行新民主主义革命。

毛泽东强调,"只有认清中国社会的性质,才能认清中国革命的对象、中国革命的任务、中国革命的动力、中国革命的性质、中国革命的前途和转变。认清中国社会的性质,就是说,认清中国的国情,乃是认清一切革命问题的基本的根据"。[3]他指出,"自外国资本主义侵略中国,中国社会又逐渐地生长了资本主义因素以来,中国已逐渐地变成了一个殖民地、半殖民地、半封建的社会"。[4]这就是现时中国社会的性质,这就

---

[1]《毛泽东选集》第2卷,北京:人民出版社1991年版,第663页。
[2]《毛泽东选集》第2卷,北京:人民出版社1991年版,第663—664页。
[3]《毛泽东选集》第2卷,北京:人民出版社1991年版,第663页。
[4]《毛泽东选集》第2卷,北京:人民出版社1991年版,第664页。

是现时中国的国情。我们要革除的,就是这种殖民地、半殖民地、半封建的旧政治、旧经济和为这种旧政治、旧经济服务的旧文化。而我们要建立起来的,则是与此相反的东西,乃是中华民族的新政治、新经济和新文化。所谓中华民族的新政治,就是新民主主义的政治;所谓中华民族的新经济,就是新民主主义的经济;所谓中华民族的新文化,就是新民主主义的文化。①

为了建立新民主主义的政治、经济、文化,中国革命的历史进程,必须分为两步,第一步是民主主义的革命,第二步是社会主义的革命,这是性质不同的两个革命过程。而所谓民主主义,现在已不是旧范畴的民主主义,而是新范畴的民主主义,是新民主主义。毛泽东强调,"这就是现时中国革命的历史特点。在中国从事革命的一切党派,一切人们,谁不懂得这个历史特点,谁就不能指导这个革命和进行这个革命到胜利,谁就会被人民抛弃,变为向隅而泣的可怜虫"。②

毛泽东从中国半殖民地、半封建性质的国情出发,明确革命的任务、对象就是革除这种半殖民地、半封建的旧政治、旧经济和旧文化,因此中国革命的性质是民主主义革命。

接下来,他深入分析阐明现在中国的民主主义为什么已不是旧范畴的民主主义,而是新范畴的民主主义,是新民主主义。他指出,那是因为:近代以来世界上有两种世界革命。第一种属于资产阶级和资本主义范畴的世界革命,这种世界革命的时期早已过去了,还在1914年第一次帝国主义世界大战爆发之时,尤其是在1917年俄国十月革命之时,

---

① 《毛泽东选集》第2卷,北京:人民出版社1991年版,第664页。
② 《毛泽东选集》第2卷,北京:人民出版社1991年版,第665页。

就告终结了。从此以后,开始了第二种世界革命,即无产阶级的社会主义世界革命。① 两种世界革命划分的标志,是1914年爆发第一次帝国主义世界大战和1917年俄国十月革命建立社会主义国家。第一次世界大战和1917年俄国十月革命以前的中国资产阶级民主主义革命,属于旧的世界资产阶级革命范畴之内。在这以后,中国资产阶级民主主义革命,却改变为属于新的资产阶级民主主义革命的范畴,而在革命的阵线上来说,则属于世界无产阶级社会主义革命的一部分了。

那么这种新的资产阶级革命,或新民主主义革命有什么特点呢? 毛泽东指出,"这种殖民地半殖民地革命的第一阶段,第一步,虽然按其社会性质,基本上依然还是资产阶级民主主义的,它的客观要求,是为资本主义的发展扫清道路;然而这种革命,已经不是旧的、被资产阶级领导的、以建立资本主义的社会和资产阶级专政的国家为目的的革命,而是新的、被无产阶级领导的、以在第一阶段上建立新民主主义的社会和建立各个革命阶级联合专政的国家为目的的革命。因此,这种革命又恰是为社会主义的发展扫清更广大的道路"。②

这个革命的第一阶段,其社会性质是新式的资产阶级民主主义的革命,还不是无产阶级社会主义的革命,但早已成了无产阶级社会主义的世界革命的一部分,现在则更成了这种世界革命的伟大的一部分,成了这种世界革命的伟大的同盟军。这个革命的第一步、第一阶段,决不是也不能建立中国资产阶级专政的资本主义的社会,而是要建立以中国无产阶级为首领的中国各个革命阶级联合专政的新民主主义的社会,以

---

① 《毛泽东选集》第2卷,北京:人民出版社1991年版,第671页。
② 《毛泽东选集》第2卷,北京:人民出版社1991年版,第668页。

完结其第一阶段。然后,再使之发展到第二阶段,以建立中国社会主义的社会。①

毛泽东强调,"这就是现时中国革命的最基本的特点,这就是二十年来(从1919年五四运动算起)的新的革命过程,这就是现时中国革命的生动的具体的内容"。②

毛泽东从1914年第一次世界大战爆发和1917年俄国十月革命将世界革命划分为两种革命观点出发,明确中国革命第一阶段的性质依然是资产阶级民主主义的,任务是要为资本主义的发展扫清道路,目的却不是旧的、被资产阶级领导的、以建立资本主义的社会和资产阶级专政的国家,而是新的、被无产阶级领导的、以在第一阶段上建立新民主主义的社会和建立各个革命阶级联合专政的国家。这种革命的性质是新式的资产阶级民主主义的革命,还不是无产阶级社会主义的革命,但为社会主义的发展扫清道路。这样中国民主革命的性质、任务、前途、领导力量等,就阐述得很清楚了。毛泽东创造性地将这种革命明确为新民主主义革命。

至此,中国革命分两步走以及两步走之间的关系,已经阐述得很清楚了,新民主主义旗帜已经高高地举了起来。

中国共产党自成立以来就对中国革命基本问题进行了探索。党的一大确定直接搞社会主义革命,党的二大则确定首先进行民主革命然后再进行社会主义革命。但是,在相当长时期内,党对中国革命基本问题的认识仍然是模糊的。列宁和共产国际虽然有若干民族、殖民地民主革

---

① 《毛泽东选集》第2卷,北京:人民出版社1991年版,第672页。
② 《毛泽东选集》第2卷,北京:人民出版社1991年版,第672页。

命问题的论述、指示,但是在中国这样的半殖民地半封建社会怎样搞革命仍然需要中国共产党人自己去探索。年轻的中国共产党积累的革命斗争经验还很不够,还不能认清中国国情、中国革命的性质和特点,以至于在大革命后期犯了右倾错误,土地革命战争时期又多次犯了"左"倾错误,抗战时期王明又犯了右倾错误,使中国革命遭受严重损失。这些严重损失,深深地教育了中国共产党人。到了抗日战争时期就不一样了,中国共产党成熟起来了。正如毛泽东指出的,"在抗战时期,我们才制定了合乎情况的党的总路线和一整套具体政策。这时候,中国民主革命这个必然王国才被我们认识,我们才有了自由"。[①]

在这样的情况下,毛泽东才开始将笔锋一转,对国民党顽固派的有关谬论进行逐一批驳,对三民主义和共产主义的异同、旧三民主义和新三民主义的区别进行阐述。

由上可见,毛泽东坚持马克思主义的革命发展论,总结中国革命的经验教训,将不断革命论与革命发展阶段论统一起来,深入阐明民主革命与社会主义革命之间的关系,清晰地揭示了中国革命发展的历史进程。

三、建设新民主主义社会

在弄清中国革命基本问题后,关于新民主主义革命成功后将要建立的新民主主义社会是怎样的一个社会,它的政治、经济、文化制度又是怎样的?毛泽东对此进行了进一步的探索、谋划,分别阐述了新民主主义的政治、经济和文化。

---

① 《毛泽东文集》第8卷,北京:人民出版社1991年版,第300页。

关于新民主主义的政治,毛泽东根据各阶级在革命中的态度阐明了它们在新民主主义社会中的地位。他着重分析了中国资产阶级的特点,在此基础上强调,"在今日,谁能领导人民驱逐日本帝国主义,并实施民主政治,谁就是人民的救星。历史已经证明:中国资产阶级是不能尽此责任的,这个责任就不得不落在无产阶级的肩上了"。①"所以,无论如何,中国无产阶级、农民、知识分子和其他小资产阶级,乃是决定国家命运的基本势力。现在所要建立的中华民主共和国,只能是在无产阶级领导下的一切反帝反封建的人们联合专政的民主共和国,这就是新民主主义的共和国,也就是真正革命的三大政策的新三民主义共和国。"②关于政权的构成形式,采取全国人民代表大会、省人民代表大会、县人民代表大会、区人民代表大会直到乡人民代表大会的系统,并由各级代表大会选举政府。这个选举,实行无男女、信仰、财产、教育等差别的真正普遍平等的选举制,如此才能适合于各革命阶级在国家中的地位,适合于表现民意和指挥革命斗争,适合于新民主主义的精神。这种制度即民主集中制。只有民主集中制的政府,才能充分地发挥一切革命人民的意志,也才能最有力量地去反对革命的敌人。总之,"国体——各革命阶级联合专政。政体——民主集中制。这就是新民主主义的政治,这就是新民主主义的共和国,这就是抗日统一战线的共和国,这就是三大政策的新三民主义的共和国,这就是名副其实的中华民国"。③

毛泽东强调,殖民地半殖民地的革命,其国家构成或政权构成,就是几个反对帝国主义的阶级联合起来共同专政的新民主主义的国家。

---

① 《毛泽东选集》第2卷,北京:人民出版社1991年版,第674页。
② 《毛泽东选集》第2卷,北京:人民出版社1991年版,第674—675页。
③ 《毛泽东选集》第2卷,北京:人民出版社1991年版,第667页。

"在今天的中国,这种新民主主义的国家形式,就是抗日统一战线的形式。""这种新民主主义共和国,一方面和旧形式的、欧美式的、资产阶级专政的、资本主义的共和国相区别,那是旧民主主义的共和国,那种共和国已经过时了;另一方面,也和苏联式的、无产阶级专政的、社会主义的共和国相区别。"①

由上可见,新民主主义共和国的抗日统一战线十分广泛,除了工人、农民、小资产阶级外,还包括民族资产阶级,甚至还包括作为地主阶级一部分的开明绅士,从而使党领导的革命走出工农革命狭小的圈子,成为真正的民族民主革命,将一切反帝反封建的人们都凝聚到新民主主义革命的旗帜之下。

关于新民主主义的经济,毛泽东指出,第一,共和国要使大银行、大工业、大商业,归这个国家所有。"凡本国人及外国人之企业,或有独占的性质,或规模过大为私人之力所不能办者,如银行、铁道、航路之属,由国家经营管理之,使私有资本制度不能操纵国民之生计,此则节制资本之要旨也。"②但并不没收其他资本主义的私有财产,并不禁止"不能操纵国民生计"的资本主义生产的发展,这是因为中国经济还十分落后。第二,共和国将采取某种必要的方法,没收地主的土地,分配给无地和少地的农民,实行孙中山先生的"耕者有其田"的口号。扫除农村中的封建关系,把土地变为农民的私产。农村的富农经济,也是允许其存在的。这就是"平均地权"的方针。在这个阶段上,一般地还不是建立社会主义的农业,但在"耕者有其田"的基础上发展起来的各种合作经济,

---

① 《毛泽东选集》第 2 卷,北京:人民出版社 1991 年版,第 675 页。
② 《毛泽东选集》第 2 卷,北京:人民出版社 1991 年版,第 678 页。

也具有社会主义的因素。总之，中国的经济，一定要走"节制资本"和"平均地权"的路，决不能是"少数人所得而私"，决不能让少数资本家少数地主"操纵国计民生"，决不能建立欧美式的资本主义社会，也决不能是旧的半封建社会。这就是革命的中国、抗日的中国应该建立和必然要建立的内部经济关系。

由上可见，新民主主义社会的经济制度，充分体现了国共合作时期国民党第一次全国代表大会宣言的精神，充分体现了孙中山"节制资本""平均地权"的主张，是真正将孙中山新三民主义付诸实践。

新民主主义的文化，毛泽东首先阐述了文化与政治、经济的关系。指出，"一定的文化是一定社会的政治和经济在观念形态上的反映。在中国，有帝国主义文化，这是反映帝国主义在政治上经济上统治或半统治中国的东西。一切包含奴化思想的文化，都属于这一类。在中国，又有半封建文化，这是反映半封建政治和半封建经济的东西，凡属主张尊孔读经、提倡旧礼教旧思想、反对新文化新思想的人们，都是这类文化的代表。不把这种东西打倒，什么新文化都是建立不起来的"。[①] 至于新文化，则是在观念形态上反映新政治和新经济的东西，是为新政治新经济服务的。在五四以前，是旧民主主义性质的文化，属于世界资产阶级的资本主义的文化革命的一部分。在五四以后，中国的新文化，却是新民主主义性质的文化，属于世界无产阶级的社会主义的文化革命的一部分。"革命文化，对于人民大众，是革命的有力武器。革命文化，在革命前，是革命的思想准备；在革命中，是革命总战线中的一条必要和重要

[①] 《毛泽东选集》第2卷，北京：人民出版社1991年版，第694—695页。

的战线。"①

其次,阐述了新民主主义文化的内容和方针。毛泽东强调,在"五四"以前,中国的新文化运动是资产阶级领导的。在"五四"以后,中国的新文化运动的领导,不得不落在无产阶级肩上。"所谓新民主主义的文化,就是人民大众反帝反封建的文化;在今日,就是抗日统一战线的文化。这种文化,只能由无产阶级的文化思想即共产主义思想去领导,任何别的阶级的文化思想都是不能领导了的。所谓新民主主义的文化,一句话,就是无产阶级领导的人民大众的反帝反封建的文化。"②

毛泽东指出,资产阶级顽固派,在文化问题上,和他们在政权问题上一样,是完全错误的。他们不知道中国新时期的历史特点,他们不承认人民大众的新民主主义的文化。他们的出发点是资产阶级专制主义,在文化问题上就是资产阶级的文化专制主义。资产阶级顽固派的这条文化专制主义的路是走不通的,它同政权问题一样,没有国内国际的条件。因此,这种文化专制主义,也还是"收起"为妙。③"现阶段上中国新的国民文化的内容,既不是资产阶级的文化专制主义,又不是单纯的无产阶级的社会主义,而是以无产阶级社会主义文化思想为领导的人民大众反帝反封建的新民主主义。"④

这种新民主主义的文化是民族的。它是反对帝国主义压迫,主张中华民族的尊严和独立的。它是我们这个民族的、带有我们民族的特性。中国应该大量吸收外国的进步文化,作为自己文化食粮的原料。但是一

---

① 《毛泽东选集》第2卷,北京:人民出版社1991年版,第708页。
② 《毛泽东选集》第2卷,北京:人民出版社1991年版,第698页。
③ 《毛泽东选集》第2卷,北京:人民出版社1991年版,第704页。
④ 《毛泽东选集》第2卷,北京:人民出版社1991年版,第706页。

切外国的东西,必须剔除其糟粕,吸收其精华。所谓"全盘西化"的主张,乃是一种错误的观点。"必须将马克思主义的普遍真理和中国革命的具体实践完全地恰当地统一起来,就是说,和民族的特点相结合,经过一定的民族形式,才有用处,决不能主观地公式地应用它。公式的马克思主义者,只是对于马克思主义和中国革命开玩笑,在中国革命队伍中是没有他们的位置的。民族的形式,新民主主义的内容——这就是我们今天的新文化。"[①]

这种新民主主义的文化是科学的。它反对一切封建思想和迷信思想,主张实事求是,主张客观真理,主张理论和实践相一致。中国的长期封建社会,创造了灿烂的古代文化。清理古代文化的发展过程,剔除其封建性的糟粕,吸收其民主性的精华,是发展民族新文化提高民族自信心的必要条件;但决不能无批判地兼收并蓄。我们必须尊重自己的历史,决不能割断历史。

这种新民主主义的文化是大众的,因而即是民主的。它应为全民族中百分之九十以上的工农劳苦民众服务,并逐渐成为他们的文化。文字必须在一定条件下加以改革,言语必须接近民众,须知民众就是革命文化的无限丰富的源泉。民族的科学的大众的文化,就是人民大众反帝反封建的文化,就是新民主主义的文化,就是中华民族的新文化。

由上可见,毛泽东有关新民主主义文化的论述,揭穿了国民党顽固派文化专制主义的实质,阐明了新民主主义文化的性质、内容和发展方针,为新民主主义文化发展指明方向。

[①]《毛泽东选集》第2卷,北京:人民出版社1991年版,第707页。

四、号召举起双手迎接新中国

《新民主主义论》发表以后,有力地驳斥了国民党顽固派诬蔑共产党和马克思列宁主义的各种谬论,极大地鼓舞了革命人民胜利前进的信心。沿着《新民主主义论》指引的方向,中国人民在中国共产党的领导下,建立起最广泛的统一战线,通过浴血奋斗,打败日本侵略者、打倒国民党的反动统治,建立起新民主主义的中国。历史的发展完全印证了《新民主主义论》的预见。

《新民主主义论》是唯一一篇被《关于建国以来党的若干历史问题的决议》两次提及的文章。这篇文章也被毛泽东本人多次提及。1956年3月14日,在会见外宾时,他指出,"对已经发表过的东西,完全满意的很少。比如,《实践论》算是比较满意的,《矛盾论》就并不很满意。《新民主主义论》初稿写到一半时,中国近百年历史前八十年是一阶段、后二十年是一阶段的看法,才逐渐明确起来,因此重新写起,经过反复修改才定了稿。《论联合政府》则只是把政纲排列起来,加工不多,不好"。①1962年1月30日,在扩大的中央工作会议上的讲话中,毛泽东指出,在抗日战争前夜和抗日战争时期,我写了一些论文,例如《中国革命战争的战略问题》《论持久战》《新民主主义论》《〈共产党人〉发刊词》,替中央起草过一些关于政策、策略的文件,都是革命经验的总结。②《新民主主义论》无疑是毛泽东比较满意的一篇文章。

这篇文章,在党的历史和马克思主义中国化发展史上,占据着重要的地位。具体体现在以下几个方面。

---

① 《毛泽东文集》第7卷,北京:人民出版社1991年版,第15页。
② 《毛泽东文集》第8卷,北京:人民出版社1991年版,第299—300页。

第一,从政治上看,旗帜鲜明回答了关于中国前途和命运的一系列问题。驳斥了国民党关于主义、政党、领袖等问题上的谬论,揭露了国民党顽固派专制独裁的真面目,帮助人们分清了是非、坚定了抗战必胜的信心,共同为建立新民主主义共和国而奋斗。

这篇文章来自1940年1月9日毛泽东在陕甘宁边区文化协会第一次代表大会上发表的《新民主主义的政治与新民主主义的文化》长篇演讲。当时,会场的听众"被他的精辟见解和生动话语所鼓舞、所吸引,聚精会神,屏息静听,情绪热烈,不时响起一阵阵的掌声"。① 它在根据地和解放区的广泛传播,在党内产生重大影响。一个外国记者形容道,中国共产党党员已经是"新民主主义的共产党员,不是内战时代及共产国际的所谓共产党员","他们之中很多人已在新民主主义的理论和实践上获得重大进步了"。②

第二,从理论上看,明确回答了在半殖民地半封建社会国家,搞什么革命、怎样搞革命,以及通过革命成功建设一个什么样的国家的问题。它对于我们党成立以来关于中国革命性质、对象、任务、动力、前途的探索,既是继承,更是突破,还是开启(随后党的理论探索和创新,都可以看到它的深远影响),是将马克思列宁主义基本原理同中国国情、时代特点相结合推进马克思主义中国化的代表性成果,是对马克思主义的丰富和发展。

《新民主主义论》帮助廓清了关于中国前途命运争论莫衷一是的纷扰。它不仅给中国共产党人以莫大的鼓舞,也使许多知识分子和民主人

---

① 温济泽:《征鸿片羽集》,北京:当代中国出版社1995年版,第473页。
② [美]斯坦因:《红色中国的挑战》,李凤鸣译,上海:上海科学技术出版社2015年版,第41页。

士找到方向和信心。1940年春,杜斌丞读完《新民主主义论》后,感觉"中国的革命,从此有了明确的道路和方针。这就是毛泽东指出的新民主主义,除此别无道路"。① 即使受到限制、围剿,《新民主主义论》仍然在国统区甚至日占区悄悄传播。很多知识分子在读了以后,开始告别徘徊,逐渐向中国共产党靠拢,走上革命的道路。

第三,从实践上看,指导和促进了抗日战争、中国革命的胜利发展以及新中国的政治、经济和文化建设。其中,关于通过新民主主义革命走向社会主义革命两步走战略规划,为人们描绘了革命胜利的路线图。关于新民主主义政治、经济和文化的阐述,使人们认识到新民主主义社会是一个怎样的社会。

《新民主主义论》发表后,毛泽东首先把建设新民主主义社会的思想运用到指导陕甘宁边区的工作。随后,从《论联合政府》《论人民民主专政》《中国人民政治协商会议共同纲领》等指导夺取革命胜利和建设新中国的重要文献中,我们都能看到它的影响。

在文章的最后,毛泽东振臂高呼,"新中国站在每个人民的面前,我们应该迎接它。新中国航船的桅顶已经冒出地平线了,我们应该拍掌欢迎它。举起你的双手吧,新中国是我们的"。② 这呼声,是兴奋的欢呼,是在为即将诞生的新中国喝彩。这呼声,又是进军的命令,号召为打败日本侵略者、夺取革命胜利、建立新中国而努力奋斗。

---

① 中国中共党史人物研究会:《中共党史人物传》第54卷,北京:中国人民大学出版社2018年版,第314页。

②《毛泽东选集》第2卷,北京:人民出版社1991年版,第709页。

以人民为中心创造历史伟业

《中共中央关于党的百年奋斗重大成就和历史经验的决议》强调，坚持人民至上。"党的根基在人民、血脉在人民、力量在人民，人民是党执政兴国的最大底气"。人民是历史的创造者，是决定党和国家前途命运的根本力量，依靠人民创造历史伟业始终是中国共产党人克敌制胜、战胜任何困难的法宝。始终同人民在一起，为人民的利益而奋斗，是马克思主义政党同其他政党的根本区别。马克思恩格斯在《共产党宣言》中指出，共产党人"没有任何同整个无产阶级的利益不同的利益""无产阶级的运动是绝大多数人的、为绝大多数人谋利益的独立的运动"。习近平总书记强调："我们党就是为人民服务的。"中国共产党作为马克思主义政党，党性和人民性始终是统一的、一致的。

鸦片战争后，中国逐渐成为半殖民地半封建国家。中华民族面临两大历史任务，一个是求得民族独立和人民解放；一个是实现国家富强和人民幸福。中国共产党自成立之日起,就把为中国人民谋幸福、为中华民族谋复兴确立为自己的初心和使命,团结带领中国人民进行了艰苦卓绝的斗争,谱写了气吞山河的壮丽史诗。始终坚持"以人民为中心",赢得人民信任、得到人民支持,是我们党百年奋斗历史的宝贵经验。

一、为民族独立与人民解放而斗争

鸦片战争后,中华民族内忧外患,逐渐陷入半殖民地半封建社会的苦难深渊。为了改变被奴役、被欺凌的命运,无数仁人志士前赴后继,探索救国救民的道路,尝试种种改造中国社会的方案。这些探索和斗争,虽然每一次都在一定历史条件下推动了中国历史的进步,但都未能改变中国半殖民地半封建的社会性质和中国人民的悲惨命运。在国内国际革命形势的深刻发展中,中国共产党应运而生。

中国共产党的成立,是开天辟地的大事变,深刻改变了近代以后中华民族发展的方向和进程,深刻改变了中国人民和中华民族的前途和命运,深刻改变了世界发展的趋势和格局。党的一大旗帜鲜明地把社会主义和共产主义确定为自己的奋斗目标,坚持用革命的手段实现这个目标。党的二大制定了反帝反封建的民主革命纲领,阐明中国共产党是"为无产群众奋斗的政党",强调党的一切运动都必须深入广大的群众中去。这对建党初期工农运动的开展具有重要意义,形成了工人运动的第一次高潮,促进了农民运动的初步开展。党的四大提出了无产阶级在民主革命中的领导权问题,提出了工农联盟问题,对民主革命的内容做了更完整的概括,为北伐战争的胜利进军和工农群众运动的高涨打下了基础。

井冈山革命根据地的建立,点燃了工农武装割据的星星之火,为中国革命探索出了农村包围城市、武装夺取政权的正确道路。井冈山根据地的斗争是同土地革命分不开的。1928年颁布井冈山《土地法》，广大贫苦农民分得了土地，从事实中认识到红军是为他们的利益而奋斗的，从各方面全力支持红军和根据地发展。随后，土地革命在全国广泛开展起来，使农村的面貌发生了根本性变化，广大农民革命的积极性被极大激发了。土地革命是中国新民主主义革命的重要内容之一，只有中国共产党最坚决地领导广大贫苦农民，向统治了中国社会几千年的封建土地制度猛烈开火，帮助广大农民摆脱压迫，得到了切实的利益。

1931年11月，中华苏维埃第一次全国代表大会宣布成立中华苏维埃共和国临时政府，通过《中华苏维埃共和国宪法大纲》，实行工农兵代表大会制度，各级苏维埃政府广泛吸收工农群众参加政权管理，这一制度体现了广大人民群众的根本利益和要求。中国共产党领导的农村革命根据地生机勃勃的景象，同国民党统治区民不聊生的景象形成鲜明对照，使陷于苦难深渊的中国人民看到了光明和希望。

抗日战争时期，党制定了全面抗战的路线，充分动员、组织和武装民众抗战，使抗日战争成为真正的人民战争。延安时期，为了克服困难，根据地通过各方面建设，大大增强了党同人民的血肉联系。大生产运动不仅支持了敌后的艰苦抗战，也培养了广大干部与群众同甘共苦、艰苦奋斗的优良作风。1945年，毛泽东同志在《论联合政府》报告中强调，"全心全意地为人民服务，一刻也不脱离群众；一切从人民的利益出发，而不是从个人或小集团的利益出发"。从党的七大开始，"全心全意为人民服务"被写入了党章。

解放战争时期，解放区开展了更普遍深入的土地制度改革，1947年颁布《中国土地法大纲》，公开举起了废除封建地主土地所有制的革命旗帜，到1948年秋，在一亿人口的解放区消灭了封建的生产关系。广大人民的政治觉悟和组织程度空前提高,为人民解放战争取得最后的胜利提供了源源不竭的人力和物力资源。解放战争中三大战役的胜利,是人民战争的伟大胜利,各解放区人民以无比巨大的热情,以源源不断的人力物力给予前线以空前规模的支援。

新民主主义革命时期,以毛泽东同志为主要代表的中国共产党人,将马克思主义与中国具体实际相结合,开辟了农村包围城市的革命道路,创立了新民主主义革命理论,实现了民族独立和人民解放,中国发展从此开启了新纪元。

二、成立新中国,改变一穷二白的面貌

新中国的成立,标志着近代以来争取民族独立、人民解放的历史任务胜利完成,中华民族开始了为实现国家富强、人民幸福而接续奋斗的新征程。新中国成立初期,中国共产党和中国人民面临严峻考验,许多困难亟待解决。如何把经济形势稳定下来,恢复生产,是当时党和政府面临的主要任务。

面对复杂形势和种种考验,党采取一系列积极稳健的政策措施,有条不紊地领导全国各族人民巩固新生人民政权、医治战争创伤,恢复工农业生产。1950年公布实施《中华人民共和国土地改革法》,到1952年底,除部分少数民族地区外,土改在全国大陆基本完成,标志着在我国延续了几千年的封建制度的基础被彻底消灭了。它从根本上解放了农村生产力,激发了广大农民的政治热情和生产积极性,促进了农业的迅速恢复和发展,为新中国的工业化开辟了道路。

经过全国人民三年多的艰苦奋斗,新中国成立前遭到严重破坏的国民经济得到全面恢复,并有了初步发展。在此基础上,中共中央决定

从1953年开始实行发展国民经济的第一个五年计划，并提出了党在过渡时期的总路线，即在一个相当长的时期内，逐步实现国家的社会主义工业化，逐步实现国家对农业、手工业和资本主义工商业的社会主义改造。过渡时期总路线明确地向全国人民提出了建设社会主义的伟大任务。1954年制定的《中华人民共和国宪法》，把人民行使当家作主权利的政治制度用根本大法形式确定下来。至1956年底，我国基本上完成了对生产资料私有制的社会主义改造，初步建立起公有制占绝对优势的社会主义经济制度。

经过几年努力，一个新国家和新社会逐步展现在人们面前。人民代表大会制度、中国共产党领导的多党合作和政治协商制度、民族区域自治制度等制度，符合我国国情，有利于调动广大人民群众和社会各方面积极性、主动性和创造性，有利于解放和发展生产力，为逐步实现国家富强和人民幸福提供了根本政治保障，集中体现了社会主义制度的特点和优势。

党的八大前后，开始了社会主义建设道路的探索，取得了良好的开端。毛泽东同志在中央政治局扩大会议上作《论十大关系》报告，根据国内外新形势和新任务，探索适合本国国情的社会主义建设道路，指出建设社会主义必须依靠群众，充分调动群众的积极性。党的八大提出，国内的主要矛盾，已经是人民对于建立先进的工业国的要求同落后的农业国的现实之间的矛盾，已经是人民对于经济文化迅速发展的需要同当前经济文化不能满足人民需要的状况之间的矛盾。党和人民当前的主要任务，就是要集中力量解决这个矛盾。

遗憾的是，党的八大形成的正确路线未能完全坚持下去，先后出现"大跃进"运动、人民公社化运动等错误，酿成"文化大革命"十年内乱，给国家和人民带来了消极影响。同时在这一时期，也取得了丰硕的探索成果,涌现出了许多无私奉献、全心全意为人民服务的共产党员和先进集体,产生了许多有代表性的革命精神,在社会主义建设史册上留下了光辉篇章。

社会主义革命和建设时期,党领导人民完成社会主义革命,消灭一切剥削制度,实现了中华民族有史以来最为广泛而深刻的社会变革,实现了一穷二白、人口众多的东方大国大步迈进社会主义社会的伟大飞跃。在探索过程中,虽然经历了严重曲折,但党在社会主义革命和建设中取得的独创性理论成果和巨大成就,为在新的历史时期开创中国特色社会主义提供了宝贵经验、理论准备、物质基础。

三、以经济建设为中心,全面推进社会主义现代化建设

党的十一届三中全会以来,以邓小平同志为主要代表的中国共产党人带领全党全国各族人民解放思想,实事求是,作出把党和国家工作中心转移到经济建设上来、实行改革开放的历史性决策,实现了新中国成立以来党的历史上具有深远意义的伟大转折。邓小平同志在"文化大革命"结束后的拨乱反正工作中指出,"我们的生产力发展水平很低,远远不能满足人民和国家的需要,这就是我们目前时期的主要矛盾,解决这个主要矛盾就是我们的中心任务"。

为纠正多年来经济建设指导方针的偏差,1979年党中央召开会议,决定对国民经济进行调整,探索适合中国国情的社会主义现代化建设道路。我国改革从农村实行家庭联产承包责任制,逐步转向城市经济体制改革并全面铺开。党的十二大提出"建设有中国特色的社会主义"重大命题,成为指引改革开放和社会主义现代化建设的伟大旗帜。大会提出要"使人民生活达到小康水平"。在提出经济建设目标的同时,明确提出

要努力建设高度的社会主义精神文明和高度的社会主义民主,体现了社会主义现代化建设的全面性要求。

邓小平同志指出,"贫穷不是社会主义,发展太慢也不是社会主义"。党的十三大系统阐述了社会主义初级阶段的理论,明确概括了党在社会主义初级阶段的基本路线,即领导和团结全国各族人民,以经济建设为中心,坚持四项基本原则,坚持改革开放,自力更生,艰苦创业,为把我国建设成为富强、民主、文明的社会主义现代化国家而奋斗。

1992年,邓小平同志在南方谈话中指出,革命是解放生产力,改革也是解放生产力。判断姓"社"姓"资"的标准,应该主要看是否有利于发展社会主义社会的生产力,是否有利于增强社会主义国家的综合国力,是否有利于提高人民的生活水平。社会主义的本质是解放生产力,发展生产力,消灭剥削,消除两极分化,最终达到共同富裕。

党的十三届四中全会以后,以江泽民同志为主要代表的中国共产党人,团结带领全党全国各族人民,坚持党的基本理论、基本路线,加深了对什么是社会主义、怎样建设社会主义和建设什么样的党、怎样建设党的认识,形成了"三个代表"重要思想,指出我们党要始终"代表中国最广大人民的根本利益"。

党的十六大以后,以胡锦涛同志为主要代表的中国共产党人,团结带领全党全国各族人民,在全面建设小康社会进程中推进实践创新、理论创新、制度创新,深刻认识和回答了新形势下实现什么样的发展、怎样发展等重大问题,形成了科学发展观,强调坚持以人为本、全面协调可持续发展,强调要坚持把最广大人民的根本利益作为党和国家一切工作的根本出发点和落脚点。

改革开放和社会主义现代化建设新时期,党团结带领人民进行改革开放新的伟大革命,极大激发了广大人民群众的积极性、主动性、创造性,成功开辟了中国特色社会主义道路,使中国大踏步赶上了时代。

四、新时代带领人民逐步实现共同富裕

中国特色社会主义进入新时代,党团结带领全国各族人民统揽伟大斗争、伟大工程、伟大事业、伟大梦想,统筹推进"五位一体"总体布局,协调推进"四个全面"战略布局,着力提升人民群众获得感、幸福感、安全感,解决了许多长期想解决而没有解决的问题,办成了许多过去想办而没有办成的大事,推动党和国家事业发生历史性变革,取得历史性成就,中华民族迎来了从站起来、富起来到强起来的伟大飞跃,实现中华民族伟大复兴进入了不可逆转的历史进程。

人民对美好生活的向往,就是我们的奋斗目标。党的十九大明确提出,"中国共产党人的初心和使命,就是为中国人民谋幸福,为中华民族谋复兴。这个初心和使命是激励中国共产党人不断前进的根本动力"。中国特色社会主义进入新时代,我国社会主要矛盾已经转化为人民日益增长的美好生活需要和不平衡不充分的发展之间的矛盾,这是关系全局的历史性变化,对党和国家工作提出了许多新的要求。在新的历史方位,面对新的时代要求,中国共产党始终坚持全心全意为人民服务的根本宗旨,践行以人民为中心的发展思想,不断促进人的全面发展和全体人民共同富裕。

以习近平同志为核心的党中央始终坚持以人民为中心的发展思想。习近平总书记指出,"我的执政理念,概括起来说就是:为人民服务,担当起该担当的责任"。党的十九届五中全会明确把"坚持以人民为中心"作为"十四五"时期经济社会发展必须遵循的一项原则,强调坚持人民主体地位,坚持共同富裕方向,始终做到发展为了人民、发展依靠

人民、发展成果由人民共享,维护人民根本利益,激发全体人民积极性、主动性、创造性,促进社会公平,增进民生福祉,不断实现人民对美好生活的向往。

为什么人、靠什么人的问题,是检验一个政党、一个政权性质的试金石。我们党始终把人民立场作为根本政治立场,把人民利益摆在至高无上的地位。2020年面对突如其来的新冠肺炎疫情,党坚持一切为了人民,一切依靠人民,始终把人民生命安全和身体健康摆在第一位,全力以赴,取得了抗击疫情的伟大胜利。

消除贫困、改善民生、逐步实现共同富裕,是中国特色社会主义的本质要求,是中国共产党的重要历史使命。以习近平同志为核心的党中央,坚持以人民为中心的发展思想,把脱贫攻坚摆在治国理政的突出位置,采取了许多具有原创性、独特性的重大举措,组织实施了人类历史上规模最大、力度最强的脱贫攻坚战,取得了决战脱贫攻坚的决定性胜利,历史性地解决困扰中华民族几千年的绝对贫困问题,标志着我们党在团结带领人民创造美好生活、实现共同富裕的道路上迈出了坚实的一大步。坚决打好防范化解重大风险、精准脱贫、污染防治三大攻坚战,全面建成惠及十几亿人口的更高水平的小康社会,实现了中华民族千百年来的夙愿,标志着第一个百年奋斗目标圆满完成,也开启了全面建设社会主义现代化国家、向第二个百年奋斗目标迈进的新征程。

共同富裕是社会主义的本质要求,是人民群众的共同期盼。习近平总书记指出,"共同富裕是社会主义的本质要求,是人民群众的共同期盼。我们推动经济社会发展,归根结底是要实现全体人民共同富裕"。实现共同富裕是一个在动态中向前发展的过程,不可能一蹴而就,也不可能齐头并进。2021年6月,党中央出台文件,支持浙江高质量发展建设共同富裕示范区,以浙江省为改革试点,先在一个省实现共同富裕目标,总结出一些相对可复制、可推广的经验和做法,成熟一批,推广一批,稳中求进、循序渐进,最终惠及全体人民。

为人民谋幸福、为民族谋复兴,是我们党领导现代化建设的出发点和落脚点。到本世纪中叶,我国要建成富强民主文明和谐美丽的社会主义现代化强国,全体人民共同富裕基本实现。我们建设的现代化是具有中国特色、符合中国实际的现代化,是人口规模巨大的现代化,是全体人民共同富裕的现代化,是物质文明和精神文明相协调的现代化,是人与自然和谐共生的现代化。

走得再远、走到再光辉的未来,也不能忘记为什么出发,不能忘记初心和使命。中国共产党的百年历史,是一部践行党的初心和使命的历史,是一部党与人民心连心、同呼吸、共命运的历史。历史充分证明,江山就是人民,人民就是江山。在全面建设社会主义现代化国家的新征程中,我们要毫不动摇坚持以人民为中心的发展思想,始终保持同人民群众的血肉联系,凝聚起众志成城的磅礴力量,团结带领人民共同创造历史伟业。

改革开放与中国式现代化新道路

中国共产党成立一百年来，团结带领中国人民所进行的一切奋斗，就是为了把中国建设成为现代化强国，实现中华民族伟大复兴。新中国成立以来，我们党孜孜以求，带领人民进行了现代化建设的艰辛探索，提出了实现农业、工业、国防和科学技术四个现代化的目标，在旧中国"一穷二白"的基础上建立起比较完整的工业体系和国民经济体系。"文化大革命"阻碍了当时提出的四个现代化建设的完全展开。改革开放开创了中国特色社会主义，也打开了社会主义现代化建设崭新局面。改革开放之初，邓小平就提出了中国式现代化概念，为现代化发展指明了方向。经过40多年的不懈奋斗和探索，中国的改革开放和社会主义现代化建设取得举世瞩目的成就，创造了中国式现代化新道路，创造了人类文明新形态。一路走来，既波澜壮阔，又成就辉煌。

一、改革开放起步与中国式现代化的提出

粉碎"四人帮"后,广大干部群众强烈要求纠正"文化大革命"错误理论和实践,彻底扭转十年内乱造成的严重局面,使中国社会主义建设事业重新奋起。与此同时,世界经济快速发展,科技进步日新月异。国内外发展大势都要求我们党尽快就关系党和国家前途命运的大政方针作出政治决断和战略抉择。顺应时代潮流和人民愿望,1978年召开的党的十一届三中全会实现了新中国成立以来党的历史上具有深远意义的伟大转折,开启了改革开放和社会主义现代化建设新时期。

党的十一届三中全会召开不久,1979年3月21日,邓小平在会见外宾时就提出:"我们的概念与西方不同,我姑且用个新说法,叫做中国式的四个现代化。"[①] 同年3月30日,在党的理论工作务虚会上,邓小平第一次正式提出了"中国式现代化"的命题。他强调:"过去搞民主革命,要适合中国情况,走毛泽东同志开辟的农村包围城市的道路。现在搞建设,也要适合中国情况,走出一条中国式的现代化道路……中国式的现代化,必须从中国实际出发。……中央认为,我们要在中国实现四个现代化,必须在思想政治上坚持四项基本原则。这是实现四个现代化的根本前提。"[②] 同年10月4日,在出席座谈会时,邓小平讲话指出:"我们开了大口,本世纪末实现四个现代化。后来改了个口,叫中国式的现代化,就是把标准放低一点。特别是国民生产总值,按人口平均来说不会很高。我们到本世纪末国民生产总值能不能达到人均上千美元?等到人

---

① 中央文献研究室编:《邓小平年谱(1975—1997)》上卷,北京:中央文献出版社2004年版,第496页。

② 《邓小平文选》第2卷,北京:人民出版社1994年版,第163—164页。

均达到上千美元的时候,我们的日子可能就比较好过了。就是降低原来的设想,完成低的目标,也得很好地抓紧工作,要全力以赴,抓得很细,很具体,很有效。"① 同年12月6日,在会见日本首相大平正芳时,邓小平进一步指出:"我们的四个现代化的概念,不是像你们那样的现代化的概念,而是'小康之家'。"②

由上可见,改革开放之初,邓小平就提出了中国式现代化的命题,并进行了阐释,强调实现中国式现代化必须从中国实际出发,必须把坚持四项基本原则作为根本前提。邓小平提出的中国式现代化,内涵丰富、意义深远。

第一,提出中国式现代化是基于科学有效引领改革开放和社会主义现代化建设的需要。为了实现长远目标,我们党在领导革命、建设和改革的进程中,往往采取提出一个时期内的目标任务和实现路径,实行渐进策略,一步步推进,积小胜为大胜。但确定什么样的目标很重要,目标的确定要科学合理、实事求是。实践证明,过高的目标,如果不能实现,就会挫伤积极性。党的十一届三中全会将工作中心转移到经济建设上来、作出改革开放决策,开启改革开放和社会主义现代化建设新时期,也重新确立了解放思想、实事求是的思想路线。提出中国式的现代化目标,适当降低现代化标准,符合实事求是的精神,适应开启改革开放和社会主义现代化建设的需要。

第二,提出中国式现代化是基于总结历史经验得出的重要结论。近代以来,为了寻求救国救民的正确道路,先进的中国人进行了不懈奋

---

① 中央文献研究室编:《邓小平年谱(1975—1997)》上卷,北京:中央文献出版社2004年版,第563—564页。

② 《邓小平文选》第2卷,北京:人民出版社1994年版,第237页。

斗。正如毛泽东指出的,要救国,只有维新,要维新,只有学外国。那时的外国只有西方资本主义是进步的。然而,学习西方的道路很不平坦,经过近百年的努力,到1949年我国现代工业总产值也不过79.1亿元,占工农业总产值的17%。① 国家的半殖民地半封建社会性质没有变,人民处于水深火热境地没有变。正如毛泽东指出的:"没有一个独立、自由、民主和统一的中国,不可能发展工业。"② 在这样的形势下,先进的中国人重新进行探索,"走俄国人的路,这就是结论"③。俄国人的路,就是通过闹革命建立起独立、自主、民主和统一的国家,在社会主义制度下实现国家工业化、现代化。这一结论的大方向是正确的,但必须紧密结合中国实际,进行探索和创新。在经历一系列挫折失败后,我们党带领人民找到了以农村包围城市、武装夺取政权的正确道路,领导中国革命取得成功。新中国成立后,我们党一开始也注重学习苏联,但后来发现苏联模式存在问题,毛泽东强调把马克思列宁主义基本原理同中国实际进行"第二次结合"。但是,这些探索没有很好地坚持下去,而且"有时是自己太性急了,还搞了'文化大革命'"④。这些问题,导致新中国成立近30年,国家建设虽有进步,但人民生活改善较少,中国仍是世界上较贫穷的国家之一。很显然,实现国家现代化同样不能照抄照搬别国模式,需要党带领人民继续探索、继续奋斗。

---

① 吴承明:《中国资本主义与国内市场》,北京:中国社会科学出版社1985年版,第129—134页。

② 《毛泽东选集》第3卷,北京:人民出版社1991年版,第1080页。

③ 《毛泽东选集》第4卷,北京:人民出版社1991年版,第1471页。

④ 中央文献研究室编:《邓小平年谱(1975—1997)》下卷,北京:中央文献出版社2004年版,第1121页。

第三,提出中国式现代化是基于对世界各国现代化发展的了解和把握。新中国成立以后,国际上反对中国的势力,迫使我们处于隔绝、孤立状态。恰在此时,国际形势发生深刻变化,和平与发展逐渐成为世界潮流和时代主题。世界经济快速发展,科技进步日新月异,我国发展同国际先进水平的差距明显拉大。"文化大革命"结束后,党和国家领导人以及一大批省部级干部纷纷出国考察,开阔了眼界,增长了现代化知识,发现了差距。正如邓小平指出的:"最近我们的同志出去看了一下,越看越感到我们落后。什么叫现代化?五十年代一个样,六十年代不一样了,七十年代就更不一样了。"[①]

第四,提出中国式现代化是基于对中国国情的深入把握。当全党工作重点向社会主义现代化建设转移的时候,国民经济发展中重大比例关系失调的情况日益显露出来。1979年4月5日至28日,党中央召开工作会议,正式确立了对国民经济实行"调整、改革、整顿、提高"的方针。贯彻调整方针,是调整经济关系的重要步骤,也是深化把握我国国情的过程。经济调整之初,邓小平就强调,要使中国现代化,至少有两个主要特点是要注意的。一个是底子薄;一个是人口多、耕地少。[②]陈云也指出,我们搞四个现代化,建设社会主义强国,是在什么情况下进行的。讲实事求是,先要把"实事"搞清楚。这个问题不搞清楚,什么事情也搞不好。我国九亿多人口,百分之八十在农村,革命胜利二十年了还有要饭的,

---

[①] 中央文献研究室编:《邓小平年谱(1975—1997)》上卷,北京:中央文献出版社2004年版,第372—373页。

[②] 中央文献研究室编:《邓小平年谱(1975—1997)》上卷,北京:中央文献出版社2004年版,第502页。

需要改善生活。我们是在这种情况下搞四个现代化的。①

邓小平提出搞中国式现代化，既实事求是地确定了我国现代化的发展目标，又明确指出了现代化建设所应遵循的路径，规定了现代化发展的方向。沿着这样的方向，在改革开放的进程中，党团结带领全国各族人民不断探索中国特色社会主义道路，不断推进中国式现代化的理论探索和实践探索。

二、全面改革开放与对中国式现代化的探索

在新的历史时期，我们党领导推进改革开放，目的是解放和发展生产力，建设中国特色社会主义。它的实质和目标，就是要从根本上改变束缚我国生产力发展的经济体制，建立充满生机和活力的社会主义市场经济体制，同时相应地改革政治体制和其他方面，实现社会主义现代化。改革开放之初，我们党提出了中国式现代化概念，提出了一些原则性意见，但到底应该怎么搞，需要通过改革开放和现代化建设的实践加以回答。

第一，提出建设高度文明、高度民主的社会主义国家，到20世纪末人民物质文化生活达到小康水平

在邓小平提出中国式现代化概念前后，通过1977至1978年间大规模出国访问和对外交往，党的许多干部实际上已经对西方发达国家的现代化水平有了新认识，开始意识到现代化绝不限于工业、农业、国防和科学技术四个方面，还包括其他许多方面内容。

在1979年3月邓小平提出中国式现代化概念后不久，同年9月29

---

① 《陈云文选》第3卷，北京：人民出版社1995年版，第251页。

日叶剑英在代表中央发表的《在庆祝中华人民共和国成立三十周年大会上的讲话》中,对现代化作了这样的阐述:"我们所说的四个现代化,是实现现代化的四个主要方面,并不是说现代化事业只以这四个方面为限。我们要在改革和完善社会主义经济制度的同时,改革和完善社会主义政治制度,发展高度的社会主义民主和完备的社会主义法制。我们要在建设高度物质文明的同时,提高全民族的教育科学文化水平和健康水平,树立崇高的革命理想和革命道德风尚,发展高尚的丰富多彩的文化生活,建设高度的社会主义精神文明。这些都是我们社会主义现代化的重要目标,也是实现四个现代化的必要条件。"① 这就表明,我们的现代化不仅包括农业、工业、国防和科学技术这样物质层面、技术层面,而且还包括民主法制、精神文明层面。由此可见,此时我们党对现代化的认识就由五六十年代强调的"四个现代化",开始向更广的领域拓展。

在上述精神指引下,我们党领导人民进行改革开放,开创中国特色社会主义,逐步打开现代化建设崭新局面。

党的十一届三中全会后,改革首先抓住农业这一环,着重克服过去指导思想上长期存在的"左"倾错误,使农业面貌很快发生显著变化,由原来的停滞不前变得欣欣向荣。农村改革的突破,带动了整个经济形势乃至政治形势的好转,使党更加坚定了通过改革开放发展社会主义的决心和信心。城市经济体制改革则围绕企业扩权、试行经济责任制等方面展开,对外开放通过兴办经济特区打开了突破口。政治体制改革也在反思党和国家领导体制现存弊端中启动并形成思路。与此同时,为把全

---

① 中央文献研究室编:《改革开放三十年重要文献选编》上册,北京:中央文献出版社2008年版,第71页。

党全国人民的精力集中到社会主义现代化建设上来,党还以巨大政治勇气,澄清重大理论是非,全面平反冤假错案,完成党在指导思想上的拨乱反正。党和国家充满希望、充满活力地踏上建设中国特色社会主义的伟大征程。

在这样的形势下,1981年6月,党的十一届六中全会通过《关于建国以来党的若干历史问题的决议》,提出:"三中全会以来,我们党已经逐步确立了一条适合我国情况的社会主义现代化建设的正确道路。"[1]《决议》将这条道路概括为十个方面,其中包括:逐步建设高度民主的社会主义制度;社会主义必须有高度的精神文明;等等。

1982年9月召开的党的十二大继续这一探索,提出新时期的总任务:团结全国各族人民,自力更生,艰苦奋斗,逐步实现工业、农业、国防和科学技术现代化,把我国建设成为高度文明、高度民主的社会主义国家。这一总任务,既包括逐步实现工业、农业、国防和科学技术的现代化,也包括努力建设高度的社会主义精神文明和高度的社会主义民主。

在四个现代化之外,为什么要加上建设社会主义民主和社会主义精神文明呢?十二大作了这样的解释:社会主义精神文明是社会主义的重要特征,是社会主义制度优越性的重要表现。如果忽视在共产主义思想指导下在全社会建设社会主义精神文明这个伟大的任务,人们对社会主义的理解就会陷入片面性,就会使人们的注意力仅仅限于物质文明的建设,甚至仅仅限于物质利益的追求。那样,我们的现代化建设就不能保证社会主义方向。大会指出,建设社会主义的物质文明和

---

[1] 中央文献研究室编:《改革开放三十年重要文献选编》上册,北京:中央文献出版社2008年版,第212页。

精神文明，都要靠继续发展社会主义民主来保障和支持。社会主义民主建设必须同社会主义法制建设紧密地结合起来，使社会主义民主制度化、法律化。[①]

围绕新时期总任务，大会对开创社会主义现代化建设新局面作出部署。大会把继续推进经济建设作为全面开创新局面的首要任务，确定从1981年到20世纪末的20年，我国经济建设的总的奋斗目标，是在不断提高经济效益的前提下，力争使全国工农业总产值翻两番，使人民生活达到小康水平。把20世纪末的奋斗目标由先前的实现四个现代化改为实现小康，这符合我国经济落后和发展很不平衡的实际情况，充分考虑了我国实现现代化的长期性和艰巨性，从指导思想上解决长期存在的急于求成、急躁冒进的问题。

党的十二大以后，城乡经济体制改革继续深入，改革重点由农村转向城市，并从经济领域逐渐向科技、教育、精神文明等领域拓展，对外开放进一步扩大。各领域改革全面展开，推动社会主义现代化建设和中国特色社会主义事业发展出现前所未有的活跃局面。

第二，提出建设富强、民主、文明的社会主义现代化国家，分三步走基本实现现代化

改革开放促进各方面建设实现快速发展。从党的十一届三中全会召开到党的十三大的九年间，国民生产总值、国家财政收入和城乡居民收入大体上都翻了一番。随着生产发展，绝大多数人民群众过上温饱生活，城乡就业规模不断扩大，基本扭转消费品长期严重匮乏的局面。在

[①] 中央文献研究室编：《改革开放三十年重要文献选编》上册，北京：中央文献出版社2008年版，第274—275页。

物质生活得到改善的同时,民族精神获得新的解放,积极变革、勇于开拓、讲求实效开始形成潮流。

在这样的形势下,1987年召开的党的十三大,在深入分析基本国情、总结实践经验的基础上,对什么是社会主义、怎样建设社会主义,对改革开放和现代化建设的一系列重大问题,进一步作出回答。大会系统阐述了社会主义初级阶段理论,指出,在社会主义初级阶段,我们要去实现别的许多国家在资本主义条件下实现的工业化和生产的商品化、社会化、现代化。在社会主义初级阶段,社会主要矛盾是人民日益增长的物质文化需要同落后的社会生产之间的矛盾,党和国家的主要任务是发展生产力,推进社会主义现代化建设。

从社会主义初级阶段理论出发,大会把党在社会主义初级阶段的基本路线概括为:领导和团结全国各族人民,以经济建设为中心,坚持四项基本原则,坚持改革开放,自力更生,艰苦创业,为把我国建设成为富强、民主、文明的社会主义现代化国家而奋斗。在社会主义现代化国家之前,明确提出了富强、民主、文明"三位一体"的要求。这一要求,使得社会主义现代化国家的目标更加精练、更加鲜明,内涵也更加丰富。

与上述要求相一致,大会制定到21世纪中叶分三步走、实现现代化的发展战略。即:第一步,实现国民生产总值比1980年翻一番,解决人民温饱问题。这个任务此时已基本实现。第二步,到20世纪末,使国民生产总值再增长一倍,人民生活达到小康水平。第三步,到21世纪中叶,人均国民生产总值达到中等发达国家水平,人民生活比较富裕,基本实现现代化。然后,在这个基础上继续前进。

"三步走"发展战略,将建设富强、民主、文明的社会主义现代化国家的目标首先落实到国民生产总值的快速增长上,落实到人民生活的不断改善方面。它对中华民族百年图强的宏伟目标作了积极而稳妥的规划，既体现了党和人民勇于进取的雄心壮志，又反映了从实际出发、遵循客观规律的科学精神。但是，此时制定的这一战略目标仍主要聚焦于物质层面，显然有待丰富和发展。

党的十三大以后，在领导推进改革开放和现代化建设实践过程中，根据对改革开放和现代化实践发展的思考，邓小平对社会主义现代化作了一系列新的阐述。关于现代化的性质，他指出，我们要实现工业、农业、国防和科技现代化，但在四个现代化前面有"社会主义"四个字，叫"社会主义四个现代化"。"我们现在讲的对内搞活经济、对外开放是在坚持社会主义原则下开展的。社会主义有两个非常重要的方面，一是以公有制为主体，二是不搞两极分化。如果导致两极分化，改革就算失败了。"[①]关于现代化的目的，他指出，"我们进行社会主义现代化建设，是要在经济上赶上发达的资本主义国家，在政治上创造比资本主义国家的民主更高更切实的民主，并且造就比这些国家更多更优秀的人才"[②]。我们集中力量搞四个现代化，着眼于振兴中华民族。没有四个现代化，中国在世界上就没有应有的地位。[③]关于现代化的方式方法，他指出，我们搞的现代化，是中国式的现代化。我们建设的社会主义，是有中国特色的社会主义。我们主要是根据自己的实际情况和自己的条件，以自力更生为主。我们实行开放政策，吸收资本主义社会的一些有益的东西，是作为发展社会主义社会生产力的一个补充。[④]关于现代化取得成功的条件，他指出，搞四个现代化一定要有两手，只有一手是不行的。所谓

---

① 《邓小平文选》第3卷，北京：人民出版社1993年版，第138—139页。
② 《邓小平文选》第2卷，北京：人民出版社1994年版，第322页。
③ 《邓小平文选》第3卷，北京：人民出版社1993年版，第357页。
④ 《邓小平文选》第3卷，北京：人民出版社1993年版，第29、181页。

两手,即一手抓建设,一手抓法制。搞四个现代化,使中国发展起来,就要有纪律、有秩序地进行建设。一个是国内条件,就是坚持现行的改革开放政策。还有一个是国际条件,就是持久的和平环境。①

邓小平上述重要论述,是中国共产党人探索中国式现代化道路的智慧结晶,具有重要的现实意义和深远的历史意义,指引着中国的现代化建设沿着正确方向不断前进。

第三,提出建设富强民主文明和谐的社会主义现代化国家,全面建设小康社会

到20世纪80年代中后期,伴随着改革开放的深入,在从计划经济体制向社会主义市场经济体制转轨过程中,历史上长期积累的一系列深层次矛盾和问题集中暴露,经济形势日趋严峻,加上国内政治风波和国际上苏联解体、东欧剧变等重大事件,给中国的改革开放带来严重冲击。在这个决定党和国家前途命运的重要历史关头,以江泽民同志为主要代表的中国共产党人,紧紧依靠全党全国各族人民,坚持党的十一届三中全会以来的路线不动摇,成功稳住了改革发展和现代化建设大局,捍卫了中国特色社会主义伟大事业。

80年代末90年代初,随着苏联解体、东欧剧变,世界社会主义陷入低潮。冷战结束,世界开始走向多极化,经济全球化进程加快。能否抓住机遇、加快发展,把改革开放和现代化建设继续推向前进,成为中国共产党人必须回答和解决的重大时代课题。

在党和国家历史发展的紧要关头,1992年初邓小平同志视察南方并发表重要谈话,明确回答了长期困扰和束缚人们思想的许多重大问

---

① 《邓小平文选》第3卷,北京:人民出版社1993年版,第154、209、156页。

题,对坚定推进改革开放和现代化建设产生了重大而深远的影响。同年召开的党的十四大作出三项重大决策:确立邓小平建设有中国特色社会主义理论在全党的指导地位,确定我国经济体制改革的目标是建立社会主义市场经济体制,强调必须抓住机遇,加快我国经济社会的发展。以邓小平南方谈话和党的十四大为标志,我国改革开放和社会主义现代化建设事业进入新的发展阶段。

在此基础上,1997年召开的党的十五大,高举邓小平理论伟大旗帜,作出把建设有中国特色社会主义事业全面推向21世纪的战略规划,并就社会主义初级阶段的所有制结构和公有制实现形式,推进政治体制改革、依法治国、建设社会主义法治国家等重大问题作出新阐述。大会在我国经济发展"三步走"战略第二步目标即将实现之际,对如何实现第三步战略目标作出进一步规划,提出新的"三步走"发展战略,即21世纪的第一个十年实现国民生产总值比2000年翻一番,使人民的小康生活更加宽裕,形成比较完善的社会主义市场经济体制;再经过十年的努力,到中国共产党成立100年时,国民经济更加发展,各项制度更加完善;到21世纪中叶中华人民共和国成立100年时,基本实现现代化,建成富强民主文明的社会主义国家。这一系列新的决策,继续为改革开放和现代化建设提供新的理论指导。

与此同时,党中央根据当代世界经济、科技的发展潮流和我国现代化建设的需要,及时提出并实施科教兴国、可持续发展、西部大开发、对外开放"走出去"等多项战略,推进党的建设新的伟大工程,创立"三个代表"重要思想,继续引领改革开放和现代化建设的航船破浪前进。

世纪之交,经过20多年改革开放和发展,我国的现代化建设取得重大成就。我国主要工农业产品产量位居世界前列,商品短缺状况基本结束,市场供求关系发生重大变化;社会主义市场经济体制初步建立,市场在资源配置中日益明显地发挥基础性作用,经济发展的体制环境发生了重大变化;全方位对外开放格局基本形成,对外经济关系发生重大变化。实现了现代化建设的前两步战略目标,经济和社会全面发展,人民生活总体上达到小康水平。但是,所达到的还是低水平的、不全面的、发展很不平衡的小康。

进入21世纪,国际局势加速演变,世情、国情、党情发生深刻变化。根据这样的实际,2002年11月党的十六大作出集中力量、全面建设惠及十几亿人口的更高水平的小康社会,使经济更加发展、民主更加健全、科教更加进步、文化更加繁荣、社会更加和谐、人民生活更加殷实的战略决策。提出了全面建设小康社会的具体目标:在优化结构和提高效益的基础上,国内生产总值到2020年力争比2000年翻两番;社会主义民主更加完善,社会主义法制更加完备;全民族的思想道德素质、科学文化素质和健康素质明显提高;可持续发展能力不断增强,生态环境得到改善。全面建设小康社会纲领的制定,是对十三大"三步走"战略、十五大新的"三步走"战略的丰富发展,内涵更加丰富,不仅包括经济、政治、文化方面的要求,还首次将生态环境改善的要求纳入其中。这意味着现代化的内容得到进一步拓展。

党的十六大以后,各地区各部门按照部署,推进改革开放和现代化建设事业向前发展。然而,2003年春天,一场突如其来的非典型性肺炎疫情给改革开放带来严峻挑战。非典的发生和蔓延,引起党和政府对影响经济社会发展的突出矛盾和问题进行深入思考和探索。在此基础上,以胡锦涛同志为主要代表的中国共产党人提出科学发展观重大战略思想,在实践中贯彻落实并丰富发展。

2007年10月召开的党的十七大,首次对中国特色社会主义道路和中国特色社会主义理论体系作了精辟概括,将中国特色社会主义道路的奋斗目标表述为"把我国建设成为富强民主文明和谐的社会主义现代化国家"。将现代化发展的奋斗目标由富强民主文明"三位一体"扩展为富强民主文明和谐"四位一体",适应了经济体制深刻变革、社会结构深刻变动、利益格局深刻调整、思想观念深刻变化的新要求。大会首次提出"坚持中国特色社会主义经济建设、政治建设、文化建设、社会建设的基本目标和基本政策构成的基本纲领"。根据这个基本纲领,按照"四位一体"的总体布局,大会对全面建设小康社会奋斗目标提出了新要求,对经济建设、政治建设、文化建设、社会建设的内容作了全面部署。

根据上述部署,党中央立足社会主义初级阶段基本国情和新的阶段性特征,科学分析国际国内形势的新变化,深刻把握我国发展面临的新课题新矛盾,在全面建设小康社会的进程中更加坚定地推动经济社会走上科学发展的道路,成功在新的历史起点上坚定不移把改革开放和现代化建设伟大事业继续推向前进。

三、全面深化改革开放与中国式现代化新道路的创造

进入21世纪第二个十年,国内外形势发生深刻复杂变化。从国际看,世界正处于大发展大变革大调整时期,和平与发展仍然是时代主题。世界多极化、经济全球化、社会信息化、文化多样化深入发展,新一轮科技革命和产业变革蓬勃兴起,全球治理体系和国际秩序变革加速推进。同时,世界面临的不稳定性不确定性突出。从国内看,我国正处于实现中华民族伟大复兴的关键时期。我国发展站到了新的历史起点上,社会生产力水平总体显著提高,多年为世界第二大经济体,国家经济实力、科技实力、国防实力、综合国力、国际影响力显著提升。党面临的执政考验、改革开放考验、市场经济考验、外部环境考验是长期的、复杂

的、严峻的,精神懈怠危险、能力不足危险、脱离群众危险、消极腐败危险更加尖锐地摆在全党面前。我们具备过去难以想象的良好条件,但也面临着各种可以预见和难以预见的困难和问题。我国发展仍然处于重要战略机遇期,前景十分光明,挑战十分严峻。

党的十八大以来,中国特色社会主义进入新时代。以习近平同志为主要代表的中国共产党人统揽伟大斗争、伟大工程、伟大事业、伟大梦想,坚持和加强党的全面领导,统筹推进"五位一体"总体布局、协调推进"四个全面"战略布局,坚持和完善中国特色社会主义制度、推进国家治理体系和治理能力现代化,战胜一系列重大风险挑战和考验,党和国家事业取得历史性成就、发生历史性变革,为实现社会主义现代化和中华民族伟大复兴提供了更为完善的制度保证、更为坚实的物质基础、更为主动的精神力量。

第一,提出建设富强民主文明和谐美丽的社会主义现代化强国,作出分两个阶段推进的战略安排

适应新形势新任务,2012年11月召开的党的十八大围绕坚持和发展中国特色社会主义作出一系列部署。强调,建设中国特色社会主义,总依据是社会主义初级阶段,总布局是"五位一体",总任务是实现社会主义现代化和中华民族伟大复兴。大会提出,全面落实经济建设、政治建设、文化建设、社会建设、生态文明建设"五位一体"总体布局。大会要求,把生态文明建设放在突出地位,融入经济建设、政治建设、文化建设、社会建设各方面和全过程,努力建设美丽中国,实现中华民族永续发展。大会提出"两个一百年"奋斗目标:在中国共产党成立100年时全面建成小康社会,在新中国成立100年时建成富强民主文明和谐的社会主义现代化国家。大会根据我国经济社会发展的实际确定了全面建成小康社会的目标。根据"五位一体"总体布局和全面建成小康社

会目标要求,对推进中国特色社会主义建设作出全面部署,并提出了一系列改革创新举措。

在此基础上,2017年10月召开的党的十九大就决胜全面建成小康社会、开启全面建设社会主义现代化国家新征程作出安排和部署。大会作出中国特色社会主义进入新时代的重大政治判断,提出我国社会主要矛盾已经转化为人民日益增长的美好生活需要和不平衡不充分的发展之间的矛盾,这是关系全局的历史性变化,对党和国家工作提出了许多新要求。

大会结合"两个一百年"奋斗目标,鲜明指出从党的十九大到二十大是"两个一百年"奋斗目标的历史交汇期,既要全面建成小康社会、实现第一个百年奋斗目标,又要乘势而上开启全面建设社会主义现代化国家新征程,向第二个百年奋斗目标进军。在对党的十九大到2020年决胜全面建成小康社会作出部署的基础上,综合分析国际国内形势和我国发展条件,从2020年到本世纪中叶分两阶段安排。

第一个阶段,从2020年到2035年,在全面建成小康社会的基础上,再奋斗15年,基本实现社会主义现代化。到那时:我国经济实力、科技实力将大幅跃升,跻身创新型国家前列;人民平等参与、平等发展权利得到充分保障,法治国家、法治政府、法治社会基本建成,各方面制度更加完善,国家治理体系和治理能力现代化基本实现;社会文明程度达到新的高度,国家文化软实力显著增强,中华文化影响更加广泛深入;人民生活更为宽裕,中等收入群体比例明显提高,城乡区域发展差距和居民生活水平差距显著缩小,基本公共服务均等化基本实现,全体人民共同富裕迈出坚实步伐;现代社会治理格局基本形成,社会充满活力又和谐有序;生态环境根本好转,美丽中国目标基本实现。

第二个阶段,从2035年到本世纪中叶,在基本实现现代化的基础上，再奋斗15年，把我国建设成富强民主文明和谐美丽的社会主义现代化强国。到那时，我国物质文明、政治文明、精神文明、社会文明、生态文明将全面提升，实现国家治理体系和治理能力现代化，成为综合国力和国际影响力领先的国家，全体人民共同富裕基本实现，我国人民将享有更加幸福安康的生活，中华民族将以更加昂扬的姿态屹立于世界民族之林。

党的十九大的这一部署，实际远远超过党的十三大提出的分阶段实现现代化"三步走"战略目标的要求。一是时间提前，将基本实现现代化的时间由原来的21世纪中叶提前到2035年；二是标准提高，到21世纪中叶由原来的基本实现现代化提高到建成富强民主文明和谐美丽的社会主义现代化强国；三是内涵更加丰富，对两个阶段的奋斗目标，在经济、政治、文化、社会、生态文明建设方面提出更高更丰富的要求。

按照上述部署，以习近平同志为主要代表的中国共产党人团结带领全党全国各族人民，立足中国特色社会主义新时代，决胜全面建成小康社会，开启全面建设社会主义现代化国家新征程。

坚定不移推进全面深化改革开放。许多领域实现历史性变革、系统性重塑、整体性重构，为推动形成系统完备、科学规范、运行有效的制度体系奠定坚实基础。以供给侧结构性改革为主线推动经济高质量发展。深入贯彻创新、协调、绿色、开放、共享发展理念，开启经济发展方式向更高级形态转变。推动中国特色社会主义政治建设深入发展。加强各级人大及其常委会机关建设，推进人民政协逐步走向制度化、规范化、成熟化，坚持和完善民族区域自治制度，健全充满活力的基层群众自治制度，不断推进法治政府建设和司法体制改革。不断繁荣社会主义文化。马克思主义在我国社会主义意识形态中的指导地位进一步巩固，各级党组织和政府把深入学习习近平新时代中国特色社会主义思想作为重中之重，全党全社会思想上团结统一更加巩固。完善中国特色社会主义社会治理体系。完善正确处理新形势下人民内部矛盾有效机制。抗击新冠肺炎疫情取得重大战略成果。开创生态文明建设新局面。党和国家谋划开展了一系列根本性、开创性、长远性工作，推动生态环境保护从认识到实践发生历史性转折和全局性变化。

在推动各方面改革发展的同时，我们党倡导和推动构建人类命运共同体。随着"一带一路"倡议等全球合作不断推进，也随着中国统筹新冠肺炎疫情防控和经济建设的卓越表现，世界各国人民更加深刻认识到，人类是一个休戚与共的命运共同体。人类命运共同体正在从理念转化为行动，成为引领时代潮流和人类文明进步的鲜明旗帜。

第二，对基本实现现代化提出更高要求，提出中国式现代化五个特点

进入21世纪第三个十年，我国经济社会发展取得新的重大成就。经过党的十八大以来以习近平同志为核心的党中央团结带领全党全国各族人民持续奋斗，特别是"十三五"时期决胜全面建成小康社会的努力奋斗，我国经济实力、科技实力、综合国力跃上新的大台阶。

此时，国际国内形势继续发生深刻复杂变化。我国发展仍处于重要战略机遇期，但机遇和挑战都有新的发展变化。当今世界正经历百年未有之大变局，新一轮科技革命和产业变革深入发展，国际力量对比深刻调整，和平与发展仍然是时代主题，人类命运共同体理念深入人心，同时国际环境日趋复杂，不稳定不确定性明显增加，新冠肺炎疫情影响广泛深远，经济全球化遭遇逆流，世界进入动荡变革期，单边主义、保护主义、霸权主义对世界和平与发展构成威胁。我国已转向高质量发展阶段，制度优势显著，治理效能提升，经济长期向好，物质基础雄厚，人力资源丰富，市场空间广阔，发展韧性强劲，社会大局稳定，继续发展具有

多方面优势和条件,同时我国发展不平衡不充分问题仍然突出,重点领域关键环节改革任务艰巨,创新能力不适应高质量发展要求,农业基础还不稳固,城乡区域发展和收入分配差距较大,生态环保任重道远,民生保障存在短板,社会治理还有弱项。

据此,党中央强调,全党要统筹中华民族伟大复兴战略全局和世界百年未有之大变局,深刻认识我国社会主要矛盾变化带来的新特征新要求,深刻认识错综复杂的国际环境带来的新矛盾新挑战,增强机遇意识和风险意识,立足社会主义初级阶段基本国情,保持战略定力,办好自己的事,认识和把握发展规律,发扬斗争精神,树立底线思维,准确识变、科学应变、主动求变,善于在危机中育先机、于变局中开新局,抓住机遇,应对挑战,趋利避害,奋勇前进。

在这样的形势下,党的十九届五中全会审议通过了《关于制定国民经济和社会发展第十四个五年规划和二〇三五年远景目标的建议》(下简称《建议》),对到2035年基本实现社会主义现代化进行部署,对"十四五"时期经济社会发展作出安排。提出九个方面具体要求:(一)我国经济实力、科技实力、综合国力将大幅跃升,经济总量和城乡居民人均收入将再迈上新的大台阶,关键核心技术实现重大突破,进入创新型国家前列;(二)基本实现新型工业化、信息化、城镇化、农业现代化,建成现代化经济体系;(三)基本实现国家治理体系和治理能力现代化,人民平等参与、平等发展权利得到充分保障,基本建成法治国家、法治政府、法治社会;(四)建成文化强国、教育强国、人才强国、体育强国、健康中国,国民素质和社会文明程度达到新高度,国家文化软实力显著增强;(五)广泛形成绿色生产生活方式,碳排放达峰后稳中有降,生态环境根本好转,美丽中国建设目标基本实现;(六)形成对外开放新格局,参与国际合作与竞争新优势明显增强;(七)人均国民生产总值达到中等发达国家水平,中等收入群体显著扩大,基本公共服务实现均等化,城乡区域发展差距和居民生活水平差距显著缩小;(八)平安中国建设达到更高水平,基本实现国防和军队现代化;(九)人民生活更加美好,人的全面发展、全体人民共同富裕取得更为明显的实质性进展。

这九个方面要求是对党的十九大提出的基本实现现代化六个方面要求的扩展和深化,新增的第2条经济建设内容表明,在实现社会主义现代化建设中,经济建设仍是中心任务。工业化、信息化、城镇化、农业现代化"新四化"同步发展是基本路径,也是重要目标。新增的第6条对外开放内容,表明中国对外开放的大门不会关闭,只会越开越大。新增的第8条社会治理和国防军队建设内容表明,社会治理是国家治理的重要方面。国家安全至关重要,要实现富国和强军相统一。原有的六条也都新增了内容、提升了要求。以上修改准确反映人民群众的愿望和国家发展的实际,也准确反映了世界发展的趋势。与此相适应,《建议》明确了"十四五"时期经济社会发展的指导方针和主要目标。强调:坚定不移贯彻创新、协调、绿色、开放、共享的新发展理念,坚持稳中求进工作总基调,以推动高质量发展为主题,以深化供给侧结构性改革为主线,以改革创新为根本动力,以满足人民日益增长的美好生活需要为根本目的,统筹发展和安全,加快建设现代化经济体系,加快构建以国内大循环为主体、国内国际双循环相互促进的新发展格局,推进国家治理体系和治理能力现代化,实现经济行稳致远、社会安定和谐,为全面建设社会主义现代化国家开好局、起好步。

特别需要强调的是,在十九届五中全会上,习近平专门对中国式现代化的特点进行了概括。他指出,我们所推进的现代化,既有各国现代化的共同特征,更有基于国情的中国特色。第一,我国现代化是人口规模巨大的现代化。我国十四亿人口要整体迈入现代化社会,其规模超过现有发达国家的总和，将彻底改写现代化的世界版图。第二，我国现代化是全体人民共同富裕的现代化。共同富裕是中国特色社会主义的本质要求，我们坚持以人民为中心的发展思想，自觉主动解决地区差距、城乡差距、收入分配差距，促进社会公平正义，逐步实现全体人民共同富裕，坚决防止两极分化。第三，我国现代化是物质文明和精神文明相协调的现代化。我们坚持社会主义核心价值观，加强理想信念教育，弘扬中华优秀传统文化，增强人民精神力量，促进物的全面丰富和人的全面发展。第四，我国现代化是人与自然和谐共生的现代化。我们注重同步推进物质文明建设和生态文明建设，走生产发展、生活富裕、生态良好的文明发展道路。第五，我国现代化是走和平发展道路的现代化。一些老牌资本主义国家走的是暴力掠夺殖民地的道路，是以其他国家的落后为代价的现代化。我国现代化强调同世界各国互利共赢，推动构建人类命运共同体，努力为人类和平与发展作出贡献。

党的十九届五中全会对党的十九大关于到2035年基本实现社会主义现代化六条要求的修改、"十四五"规划的安排，特别是习近平对中国式现代化特点的概括，是我们党对中国现代化建设的最新认识和最新理论概括，是现代化建设的重大理论成果，为我国现代化建设进一步前进指明方向，必将对开启社会主义现代化强国建设新征程发挥重要引领作用。

第三，提出创造中国式现代化新道路、创造人类文明新形态，为现代化发展进一步指引方向

实践发展没有止境，理论创新也没有止境。随着中国不断发展，世界上越来越多的人开始谈论"北京共识""中国道路""中国模式"。广大发展中国家对中国投以羡慕的目光，纷纷表示要向中国学习治国理政的经验。适应这一形势，我们党一方面大力推进改革开放和现代化建设

实践，另一方面也在深入地进行理论概括、理论总结、理论创新。

在庆祝中国共产党成立100周年大会上的讲话中，习近平明确指出："我们坚持和发展中国特色社会主义，推动物质文明、政治文明、精神文明、社会文明、生态文明协调发展，创造了中国式现代化新道路，创造了人类文明新形态。"[①]2021年11月11日，党的十九届六中全会通过的《中共中央关于党的百年奋斗重大成就和历史经验的决议》进一步指出："党领导人民成功走出中国式现代化道路，创造了人类文明新形态，拓展了发展中国家走向现代化的途径，给世界上那些希望加快发展又希望保持自身独立性的国家和民族提供了全新的选择。"[②]这些重要论述说明，中国式现代化新道路、人类文明新形态，是在坚持和发展中国特色社会主义中创造的。中国特色社会主义道路，是在改革开放40多年的伟大实践中走出来的，是在中华人民共和国成立70多年的持续探索中走出来的，是在对近代以来180多年中华民族发展历程的深刻总结中走出来的，是在对中华民族5000多年悠久文明的传承中走出来的，具有深厚的历史底蕴和广泛的现实基础。我们仅用几十年时间就走完了发达国家几百年走过的工业化历程，创造了经济快速发展和社会长期稳定两大奇迹，中华民族向世界展现一派欣欣向荣的气象。

创造中国式现代化新道路、人类文明新形态，在中华人民共和国历史上、中华民族发展史上具有重大意义。近代以来，在外国列强入侵和封建腐朽统治下，我国错失了工业革命机遇，大幅落后于时代，中华民

[①] 习近平：《在庆祝中国共产党成立100周年大会上的讲话》，北京：人民出版社2021年版，第13—14页。

[②]《中国共产党第十九届中央委员会第六次全体会议文件汇编》，北京：人民出版社2021年版，第93页。

族遭受了前所未有的苦难。鸦片战争后,中国人民和无数仁人志士不屈不挠,苦苦寻求中国现代化之路,但在半殖民地半封建社会条件下,中国现代化不可能取得成功。新中国成立,才真正开启现代化建设进程。但由于经验不足,走过许多弯路。党的十一届三中全会以后,党和国家工作中心转移到现代化建设上来,实行改革开放,旗帜鲜明提出"走自己的道路,建设有中国特色的社会主义",提出"三步走"战略,逐步开辟、创造了中国式现代化新道路。道路决定命运。找到一条实现现代化的正确道路十分不易,必须倍加珍惜。

创造中国式现代化新道路、人类文明新形态,在世界社会主义发展史上、人类社会发展史上具有重大意义。人类社会发展至今,在世界各国出现过多种现代化发展模式,各国基于国情不同有着不同的选择,比较有代表性的是工业革命以来老牌资本主义的英法模式,二战后兴起的美日模式、德国模式、苏联模式,以及后来的"亚洲四小龙"赶超模式和正在崛起的中国式现代化模式。总体上讲,从发展路径来看是实现从农业社会向工业社会、从工业社会向知识社会的大跃迁,从社会制度来看主要是在资本主义和社会主义两种社会制度下进行,由此带来深刻的社会形态和世界政治经济格局的变化。中国式现代化道路的创立,拓展了发展中国家走向现代化的途径,给世界上那些既希望加快发展又希望保持自身独立性的国家和民族提供了全新的选择,为解决人类问题贡献了中国智慧、中国方案。

习近平明确提出创造中国式现代化新道路、人类文明新形态,意义重大。这意味着:中国式现代化既切合中国实际,体现社会主义建设规律,也体现了人类社会发展规律。中国式现代化是我国现代化建设必须坚持的方向,要在党和国家的方针政策、战略战术、工作部署中得到体现和贯彻落实,全党全国各族人民都要共同努力为之奋斗;我们要坚定不移推进中国式现代化,以中国式现代化推进中华民族伟大复兴,不断为人类作出新的更大贡献。习近平指出,我国是世界上最大的社会主义国家,当我国建成社会主义现代化强国、成为世界上第一个不是走资本主义道路而是走社会主义道路成功建成现代化强国时,我们党领导人民在中国进行的伟大社会革命将更加充分地展示其世界历史意义。

新中国成立后,从第一个五年计划到第十四个五年规划,一以贯之的主题是把我国建设成为社会主义现代化国家。我们走过弯路,也遭遇过一些意想不到的困难和挫折,但建设社会主义现代化国家的意志和决心始终没有动摇。在这个过程中,我们党对建设社会主义现代化国家在认识上不断深入、在战略上不断成熟、在实践上不断丰富,加速了我国现代化发展进程,为全面建设社会主义现代化强国奠定了实践基础、理论基础、制度基础。[①]

现在,我们已经创造了中国式现代化新道路、人类文明新形态,中国人民和中华民族在历史进程中积累的强大能量已经充分爆发出来了,为实现社会主义现代化和中华民族伟大复兴提供了势不可当的磅礴力量。我们要倍加珍惜近代以来先进中国人不断为之接续奋斗、最终由中国共产党带领人民开创的中国特色社会主义道路,进一步坚定道路自信、理论自信、制度自信和文化自信,万众一心,乘势而上,为建设社会主义现代化强国、实现中华民族伟大复兴努力奋斗。

60多年前,毛泽东在展望新中国的发展时指出,事物总是发展的。"1911年的革命,即辛亥革命,到今年,不过45年,中国的面目完全变

---

① 习近平:《论把握新发展阶段、贯彻新发展理念、构建新发展格局》,北京:中央文献出版社2021年版,第8页。

了。再过45年,就是2001年,也就是进到21世纪的时候,中国的面目更要大变。中国将变为一个强大的社会主义工业国。中国应当这样。因为中国是一个具有九百六十万平方公里土地和六万万人口的国家,中国应当对于人类有较大的贡献。"[①]60多年过去了,毛泽东的畅想已经变成现实。为着更加崇高的理想,中国共产党人带领人民继续前进。习近平进一步强调指出,中国特色社会主义正成为21世纪科学社会主义发展的旗帜,成为振兴世界社会主义的中流砥柱,我们党有责任、有信心、有能力为科学社会主义新发展作出更大历史贡献。我们应该牢记总书记指示,不忘初心、牢记使命,勿忘昨天的苦难辉煌,无愧今天的使命担当,不负明天的伟大梦想,在新时代建设社会主义现代化强国新征程中埋头苦干、勇毅前行、不懈奋斗,努力作出自己更大的贡献。

---

① 《毛泽东文集》第7卷,北京:人民出版社1999年版,第156页。

第二辑

马克思主义中国化时代化
与
中国式现代化新道路

"实践告诉我们,中国共产党为什么能,中国特色社会主义为什么好,归根到底是马克思主义行,是中国化时代化的马克思主义行。""实践没有止境,理论创新没有止境。不断谱写马克思主义中国化时代化新篇章,是当代中国共产党人的庄严历史责任。"习近平总书记在党的二十大上所作的报告深刻透彻,影响深远。

一个民族要走在时代前列,就一刻不能没有理论思维和正确思想的指引。纵观中国共产党的百年奋斗史,就是一部党领导推进马克思主义中国化时代化的历史。自毛泽东同志在党的六届六中全会上第一次正式提出"马克思主义中国化"任务以来,中国共产党人不断推进马克思主义基本原理同中国具体实际相结合,取得了一系列重大理论成果。正是在中国化马克思主义理论指引下,中国革命、建设、改革的伟大事业才从胜利走向胜利,中华民族才迎来了从站起来、富起来到强起来的伟大飞跃。

本专辑,作者站在新时代的历史方位,以历史与现实、理论与实践、国际与国内相结合的视角,回溯马克思主义中国化的百年探索、重要成果与新时代新发展等。作者指出,马克思主义中国化重要成果不仅引领现代化道路的探索,更是对现代化道路的途径、方式以及特点等的深刻总结,这为世界上探索现代化发展的国家提供了丰富的理论支撑。

中国共产党与马克思主义中国化

习近平总书记在庆祝中国共产党成立100周年大会上指出:"马克思主义是我们立党立国的根本指导思想,是我们党的灵魂和旗帜"[①],"中国共产党为什么能,中国特色社会主义为什么好,归根到底是因为马克思主义行!"[②]一个民族要想站在科学的最高峰,就一刻也不能没有理论思维。100年前,在列强入侵和封建腐朽统治下,中国人民遭受了深重的苦难,中国陷入半殖民地半封建社会的黑暗深渊。100年后,中国共产党和中国人民以英勇顽强的奋斗向世界宣告:"中华民族迎

---

① 习近平:《在庆祝中国共产党成立100周年大会上的讲话》,北京:人民出版社2021年版,第12页。

② 习近平:《在庆祝中国共产党成立100周年大会上的讲话》,北京:人民出版社2021年版,第13页。

来了从站起来、富起来到强起来的伟大飞跃,实现中华民族伟大复兴进入了不可逆转的历史进程。"①之所以能够取得如此举世瞩目的成就,在于中国共产党坚持以马克思主义为指导,"坚持实事求是,从中国实际出发,洞察时代大势,把握历史主动,进行艰辛探索,不断推进马克思主义中国化时代化,指导中国人民不断推进伟大社会革命"②。在新的征程上,要全面建成社会主义现代化强国、实现中华民族伟大复兴,必须继续推进马克思主义中国化实现更大发展。正如习近平总书记指出的:"我们党的历史,就是一部不断推进马克思主义中国化的历史,就是一部不断推进理论创新、进行理论创造的历史。"③

一、马克思主义中国化的提出和不断探索

1938年9—11月,中国共产党召开六届六中全会。在这次会议上,针对党内一度出现的右倾错误,毛泽东从马克思主义及其与中国实践的关系、马克思主义民族化等方面,经典地论述了马克思主义中国化问题,第一次正式提出"马克思主义中国化"的命题,强调要"把马克思主义应用到中国具体环境的具体斗争中去,而不是抽象地应用它"④,强调

---

① 习近平:《在庆祝中国共产党成立100周年大会上的讲话》,北京:人民出版社2021年版,第7页。

② 习近平:《在庆祝中国共产党成立100周年大会上的讲话》,北京:人民出版社2021年版,第12—13页。

③ 习近平:《在党史学习教育动员大会上的讲话》,北京:人民出版社2021年版,第12页。

④《建党以来重要文献选编(一九二一——一九四九)》第15册,北京:中央文献出版社2011年版,第651页。

要按中国的特点去应用它,即"成为伟大中华民族的一部分而和这个民族血肉相联的共产党员,离开中国特点来谈马克思主义,只是抽象的空洞的马克思主义。因此,使马克思主义在中国具体化,使之在其每一表现中带着必须有的中国的特性,即是说,按照中国的特点去应用它,成为全党亟待了解并亟须解决的问题。洋八股必须废止,空洞抽象的调头必须少唱,教条主义必须休息,而代之以新鲜活泼的、为中国老百姓所喜闻乐见的中国作风和中国气派"①。会议提出的"马克思主义中国化"包括以下三个方面的含义:一是强调在全党范围内学习马克思主义基本原理、立场、方法;二是强调马克思主义必须在同中国实践相结合中实现"具体化";三是强调马克思主义要通过一定的形式表现出来,并实现大众化、通俗化。

六届六中全会提出的马克思主义中国化重大命题,具有重大的现实意义和深远的历史影响。

首先,这是正确领导抗战的迫切需要。在中国这样的经济文化落后的国家搞革命,各阶级,包括无产阶级及其政党的理论准备都明显不足。实际上,马克思主义一传入中国,就开启了中国化的历史进程。中国共产党成立后,出于回答和解决中国革命实际问题的需要,加快了这一进程。但是,一开始这种认识和实践并没有在中央领导层占据主导地位。照搬马克思列宁主义本本和俄国十月革命经验、盲目听从共产国际代表指挥的现象在一段时间内比较普遍,这导致中国共产党领导的革命运动在大革命后期遭受严重挫折。血的教训促使中国共产党人深刻反思,以毛泽东为主要代表的中国共产党人开始独立探索中国革命道路的

---

① 《毛泽东选集》第2卷,北京:人民出版社1991年版,第534页。

伟大实践,并逐步探索出一条农村包围城市、武装夺取政权的道路。然而,照抄照搬的做法在中央领导层仍然占据主导地位,第五次反"围剿"失败、中央红军被迫长征,中国革命再次遭受严重挫折。1935年召开的遵义会议挽救了党、挽救了红军,中国共产党开始独立自主领导中国革命,中国革命出现重大转机。1937年11月,中国共产党驻共产国际代表王明被共产国际派回延安。他主张"一切服从统一战线""一切经过统一战线",否认党在抗日民族统一战线中的独立自主原则,这在党内引起了思想混乱。如何统一思想,制定和执行正确的路线政策动员民众抗战,成为中国共产党必须解决的现实问题。

其次,这也符合共产国际七大指导各国共产党工作的新精神。1935年8月,共产国际七大决定,鉴于国际形势日益复杂,各国具体情况又极为不同,国际执委会"一般不要直接干涉各国共产党内部组织上的事务"①。在七大上,季米特洛夫强调要避免直接干涉各党内部事务,力戒机械地把一个国家的经验套用到另一个国家的做法,主张要帮助各国党学会把共产国际的路线灵活地、具体地应用到各自国家的具体环境中去,"避免用一成不变的方法和笼统的公式去代替具体的马克思主义的分析"②。共产国际的精神在党内得到了广泛的回应。当时党的领导人张闻天多次按共产国际七大的思路,提出正确对待革命理论、共产国际决议和外国经验问题,要"使之民族化、使之适合于我们具体的环境"③。1938年3月,中共中央派任弼时前往莫斯科向共产国际汇报中国共产党和中国抗日民族统一战线的具体情况。1938年6月11日,共产国际

---

① 《周恩来年谱(1898—1949)》(修订本),北京:中央文献出版社1998年版,第291页。
② [保]季米特洛夫:《季米特洛夫文集》,北京:解放社1950年版,第148页。
③ 中央党史研究室:《张闻天文集》第2卷,北京:中共党史出版社2012年版,第55页。

执委会主席团通过的《关于中共代表报告的决议案》肯定了中国共产党的政治路线；7月，季米特洛夫在同王稼祥和任弼时谈话时明确表示中共党内应支持毛泽东的领导地位。

最后，这同马克思、恩格斯、列宁所强调的和所做的保持了高度一致。马克思对人类社会发展规律和人类自身解放道路的探索具有科学性和普遍性，"马克思的思想理论源于那个时代又超越了那个时代，既是那个时代精神的精华又是整个人类精神的精华"①。马克思和恩格斯科学地对待自己的理论，在他们的一生中，由于时代和实践的变化，不断地对自己的某些原有观点和结论进行补充、修改甚至摒弃。就像他们在为《共产党宣言》的多个版本写的序言中反复申明的，《宣言》中所阐述的一般原理总的来说是完全正确的，但个别论断已不适应于实践的发展，提倡的某些革命措施已经过时，因此这些原理的实际运用"随时随地都要以当时的历史条件为转移"②。恩格斯提出："我们的理论是发展着的理论，而不是必须背得烂熟并机械地加以重复的教条"③，因此，"马克思的整个世界观不是教义，而是方法。它提供的不是现成的教条，而是进一步研究的出发点和供这种研究使用的方法"④。

在领导俄国革命的过程中，列宁把马克思主义基本原理和俄国工人运动的实际相结合，创造性地运用和发展了马克思主义。列宁指出，马克思主义不是一成不变的和神圣不可侵犯的，"因为它所提供的只是总的指导原理，而这些原理的应用具体地说，在英国不同于法国，在法

---

① 习近平：《论中国共产党历史》，北京：中央文献出版社2021年版，第197页。
② 《马克思恩格斯文集》第2卷，北京：人民出版社2009年版，第15页。
③ 《马克思恩格斯选集》第4卷，北京：人民出版社2012年版，第588页。
④ 《马克思恩格斯选集》第4卷，北京：人民出版社2012年版，第664页。

国不同于德国,在德国又不同于俄国"①。列宁认为,在帝国主义时代,不同国家垄断资产阶级之间的矛盾加剧,帝国主义的政治、经济发展极不平衡,资本主义国家中出现了薄弱环节,无产阶级革命有可能在资本主义链条的薄弱环节首先爆发,并实现突破。列宁的帝国主义论是在新的时代条件下,对马克思、恩格斯革命思想的新的发展。列宁正是立足于帝国主义时代垄断资本主义的新变化和经济文化相对落后的俄国无产阶级革命运动的新形势,以十月革命的伟大创举打破了资本主义链条的薄弱环节,建立了世界上第一个社会主义国家——苏维埃俄国,开创了世界历史新纪元。

世界社会主义发展史告诉我们,能不能、善不善于将马克思主义与本国国情相结合,谱写出马克思主义本国化的新篇章,是检验马克思主义政党是否成熟的试金石,决定着这个政党及其事业的兴衰成败。

提出马克思主义中国化只是开始,关键在怎么做。那么,怎样才能真正实现马克思主义中国化呢?那就如毛泽东所说:"要把马、恩、列、斯的方法用到中国来,在中国创造出一些新的东西。只有一般的理论,不用于中国的实际,打不得敌人。但如果把理论用到实际上去,用马克思主义的立场、方法来解决中国问题,创造些新的东西,这样就用得了。"②

毛泽东是这样说的,也是这样做的。正如刘少奇所评价的:"由于中国社会、历史的发展有其极大的特殊性,以及中国的科学还不发达等条件,要使马克思主义系统地中国化,要使马克思主义从欧洲形式变为中

---

① 《列宁专题文集:论马克思主义》,北京:人民出版社2009年版,第96页。
② 《毛泽东文集》第2卷,北京:人民出版社1993年版,第408页。

国形式,就是说,要用马克思主义的立场与方法来解决现代中国革命中的各种问题,——其中有许多是在世界马克思主义者面前从来没有提出过与解决过的问题,在这里是以农民为主要群众(而不是以工人为主要群众),反对外国帝国主义的压迫和中世纪残余(而不是反对本国资本主义)——这乃是一件特殊的、困难的事业……必须有高度的科学精神与高度的革命精神相结合……才能依据历史进程每个特殊时期和中国具体的经济、政治环境及条件,对于马克思列宁主义作独立的光辉的补充,并用中国人民通俗语言的形式表达出来,使之适合于新的历史环境和中国的特殊条件,成为中国无产阶级群众与全体劳动人民群众战斗的武器。不是别人,正是我们的毛泽东同志……他不但敢于率领全党和全体人民进行翻天覆地的战斗,而且具有最高的理论上的修养和最大的理论上的勇气。他在理论上敢于进行大胆的创造,抛弃马克思主义理论中某些已经过时的、不适合于中国具体环境的个别原理和个别结论,而代之以适合于中国历史环境的新原理和新结论,所以他能成功地进行马克思主义中国化这件艰巨的事业。"①

毛泽东是推动马克思主义中国化的伟大开拓者。在这之后,在领导中国革命、建设和改革的进程中,中国共产党人沿着毛泽东开辟的道路,继续探索和发展马克思主义。

邓小平提出:"把马克思主义的普遍真理同我国的具体实际结合起来,走自己的道路,建设有中国特色的社会主义"②,"绝不能要求马克思为解决他去世之后上百年、几百年所产生的问题提供现成答案。列宁同

---

① 《刘少奇选集》上卷,北京:人民出版社1981年版,第335—337页。
② 《邓小平文选》第3卷,北京:人民出版社1993年版,第3页。

样也不能承担为他去世以后五十年、一百年所产生的问题提供现成答案的任务。真正的马克思列宁主义者必须根据现在的情况,认识、继承和发展马克思列宁主义"①。

江泽民提出:"继承是创新的前提,创新是最好的继承。只有坚持这样做,理论才能真正顺应时代和实践的呼唤,实现与时俱进的要求。"②胡锦涛提出,在坚持和发展中国特色社会主义中,要"不断作出新的理论概括,增强理论说服力和感召力,丰富发展中国特色社会主义理论体系,为进一步认识世界和改造世界、推动党和国家事业发展提供强有力的理论指导"③。

党的十八大以来,以习近平同志为核心的党中央,面对新时代坚持和发展中国特色社会主义的新的实际,提出"要以科学的态度对待科学,以真理的精神追求真理,不断赋予马克思主义以新的时代内涵"④。"坚持理论联系实际,及时回答时代之问、人民之问,廓清困扰和束缚实践发展的思想迷雾,不断推进马克思主义中国化时代化大众化,不断开辟马克思主义发展新境界。"⑤

中国共产党人提出马克思主义中国化的命题,目的就是要回答好、解决好争取民族独立、人民解放和实现国家富强、人民幸福的两大历史

---

① 《邓小平文选》第3卷,北京:人民出版社1993年版,第291页。
② 《江泽民文选》第3卷,北京:人民出版社2006年版,第327页。
③ 《十七大以来重要文献选编》(中),北京:中央文献出版社2011年版,第146页。
④ 《深刻感悟和把握马克思主义真理力量,谱写新时代中国特色社会主义新篇章》,载《人民日报》,2018年4月25日,第1版。
⑤ 习近平:《在庆祝改革开放40周年大会上的讲话》,北京:人民出版社2018年版,第26页。

任务,就是要回答好、解决好建设社会主义现代化强国和实现中华民族伟大复兴。作为有着五千年文明史、长期走在世界各国前列,近代以后却沦落为半殖民地半封建社会的国家的中国,要实现这样的艰巨任务,谈何容易!然而,中国共产党做到了这一点。

二、马克思主义中国化时代化取得丰硕成果

中国共产党成立之后,历经千辛万苦,带领人民将马克思主义基本原理与中国具体实际相结合,经过顽强奋斗、付出巨大牺牲、进行大胆创造,寻找革命、建设和改革的正确道路,不断推进马克思主义中国化时代化,取得了一个又一个重大理论成果。这些理论成果,是中国共产党人将马克思主义基本原理与中国国情、中国优秀传统文化、时代特征相结合,总结领导革命、建设、改革经验教训取得的,是在同党内外各种错误思想进行原则斗争中生长和发展起来的。

(一)创立毛泽东思想

中国共产党在领导中国革命、建设和改革的长期实践中,把马克思主义基本原理同中国具体实际和时代特征相结合,不断推进马克思主义中国化,实现了两次历史性飞跃。第一次飞跃发生在新民主主义革命时期,中国共产党人经过反复探索,在总结正反两方面经验的基础上,形成了马克思主义中国化的第一个历史性成果——毛泽东思想。

中国共产党一经诞生,就把为中国人民谋幸福、为中华民族谋复兴确立为自己的初心和使命。然而,在一个半殖民地半封建的东方大国进行革命,面对农民占人口绝大多数,落后分散的小农经济及其影响根深蒂固,同时又遭受着西方列强的侵略和压迫,经济文化十分落后的特殊国情,选择一条什么样的道路才能把中国革命引向胜利,成为中国共产

党人要解决的首要问题,也是马克思主义发展史上遇到的前所未有的难题。正如林伯渠指出的:"没有马克思主义或者不善于掌握马克思主义,是没有办法解决这个问题的。"①

经过多次挫折和反复,中国共产党逐步认识中国国情,在抗日战争时期,制定了合乎实际情况的党的总路线和一整套具体政策,明确提出马克思主义中国化的任务。中国共产党深刻认识到:"马克思这些老祖宗的书,必须读,他们的基本原理必须遵守,这是第一。但是,任何国家的共产党,任何国家的思想界,都要创造新的理论,写出新的著作,产生自己的理论家,来为当前的政治服务,单靠老祖宗是不行的。"②

经过28年的浴血奋战和顽强奋斗,中国共产党和中国人民历经千辛万苦、付出巨大牺牲,夺取了新民主主义革命的胜利,实现了几代中国人梦寐以求的民族独立和人民解放。

新中国成立后,以毛泽东为主要代表的中国共产党人团结带领全国人民,在迅速医治战争创伤、恢复国民经济的基础上,不失时机地提出了过渡时期总路线,创造性地完成了由新民主主义革命向社会主义革命的转变。新民主主义革命的胜利、社会主义基本制度的确立,为当代中国一切发展进步奠定了根本政治前提和制度基础。社会主义基本制度确立后,毛泽东提出把马克思主义基本原理同中国实际进行"第二次结合",找出在中国进行社会主义建设的正确道路,写出《论十大关系》《正确处理人民内部矛盾的问题》等重要著作。在中国共产党的领导下,新中国建立起独立的、比较完整的工业体系和国民经济体

---

① 《林伯渠文集》,北京:华艺出版社1996年版,第463页。
② 《毛泽东文集》第8卷,北京:人民出版社1999年版,第109页。

系,积累起在社会生产力十分落后的东方大国进行社会主义建设的初步经验。

在革命和建设长期实践中,以毛泽东同志为主要代表的中国共产党人,根据马克思列宁主义基本原理,形成了适合中国情况的科学指导思想,这就是毛泽东思想。毛泽东思想具有多方面的内容,包括新民主主义革命、关于社会主义革命和建设、革命军队的建设和军事战略、政策和策略、思想政治工作和文化工作、党的建设的理论,以及贯穿上述各个组成部分的立场、观点和方法,它们有三个基本方面,即实事求是、群众路线、独立自主。毛泽东思想以独创性理论丰富和发展了马克思列宁主义,是马克思主义中国化第一个代表性成果。毛泽东思想教育了几代中国共产党人,它培养的大批骨干,不仅在新民主主义革命时期、社会主义革命和建设时期发挥了重要作用,也为新的历史时期开创和建设中国特色社会主义发挥了重要作用。

(二)创立邓小平理论

中国共产党人把马克思主义基本原理同中国国情与时代特征相结合,不断推进马克思主义中国化,实现的第二次历史性飞跃发生在党的十一届三中全会以后。在改革开放和现代化建设新时期,中国共产党人在总结我国经验和研究国际形势的基础上,开辟了中国特色社会主义道路,形成了中国特色社会主义理论体系。邓小平理论,是中国特色社会主义理论体系的开创之作。

20世纪六七十年代开始,世界经济快速发展,科技进步日新月异,和平与发展逐渐成为世界潮流和时代主题。而"文化大革命"引发的十年内乱导致我国经济濒临崩溃边缘,我国发展同国际先进水平的差距明显拉大。党内外强烈要求纠正"文化大革命"的错误,邓小平指出:"如果现在再不实行改革,我们的现代化事业和社会主义事业就会被葬送。"①

在邓小平的领导下,党的十一届三中全会冲破长期"左"的错误的束缚,批评了"两个凡是"的错误方针,充分肯定必须完整、准确地掌握毛泽东思想的科学体系,高度评价了关于真理标准问题的讨论,果断结束"以阶级斗争为纲",确定把全党工作的着重点转移到社会主义现代化建设上来,作出实行改革开放的重大决策,实现了党的历史上具有深远意义的伟大转折,开启了我国改革开放和社会主义现代化建设新时期。

在此基础上,党的十二大提出建设有中国特色的社会主义。以此次会议召开为标志,改革开放全面展开。党的十三大系统阐述了社会主义初级阶段理论,明确提出党在社会主义初级阶段的基本路线,确定了社会主义现代化建设"三步走"发展战略。之后,党团结带领各族人民,深化改革开放,经受住政治风波的考验,完成治理整顿任务。

在带领人民进行改革开放和社会主义现代化建设的进程中,邓小平发表一系列重要讲话。1978年的《解放思想,实事求是,团结一致向前看》是在"文化大革命"结束以后,中国面临向何处去的重大历史关头,冲破"两个凡是"的禁区、开辟新时期新道路、开创建设有中国特色社会主义新理论的宣言书。1992年南方谈话是在国际国内政治风波严峻考验的重大关头,坚持十一届三中全会以来的理论和路线,深刻回答长期束缚人们思想的许多重大认识问题,把改革开放和现代化建设推进到新阶段的又一个宣言书。

在改革开放和社会主义现代化建设中,以邓小平为主要代表的中

---

① 《邓小平文选》第2卷,北京:人民出版社1994年版,第150页。

国共产党人，在总结我国社会主义胜利和挫折的历史经验，并借鉴其他社会主义国家兴衰成败经验教训的基础上，逐步形成了建设中国特色社会主义的路线、方针、政策，创立了邓小平理论。邓小平理论从时代特征、社会主义发展阶段、立党宗旨、治国目标、面临的挑战和机遇出发，全面、系统、深刻地把握我国社会主义初级阶段的根本任务、战略目标、战略步骤、战略布局、战略重点等，第一次比较系统地回答了在中国这样经济文化比较落后的国家，如何建设社会主义、如何巩固社会主义的一系列基本问题。

邓小平理论是马克思主义基本原理同当代中国实践和时代特征相结合的产物，是毛泽东思想在新的历史条件下的继承和发展，是中国共产党集体智慧的结晶，引导着中国社会主义现代化事业不断前进。

（三）形成"三个代表"重要思想

"三个代表"重要思想是中国特色社会主义理论体系承上启下极为重要的组成部分。20世纪80年代末90年代初，国内发生严重政治风波，国际上苏联解体、东欧剧变，世界社会主义出现严重曲折，我国社会主义事业发展面临巨大困难和挑战。在这个决定党和国家前途命运的重要历史关头，以江泽民同志为主要代表的中国共产党人，紧紧依靠全党和全国各族人民，坚持党的十一届三中全会以来的路线不动摇，成功稳住了改革和发展大局，捍卫了中国特色社会主义伟大事业。

邓小平发表南方谈话后，党的十四大作出三项重大决策：一是抓住机遇，加快发展；二是明确我国经济体制改革的目标是建立社会主义市场经济体制；三是确立邓小平建设有中国特色的社会主义理论在全党的指导地位，推动改革开放和现代化建设进入新的阶段。党的十五大确立邓小平理论为党的指导思想，提出党在社会主义初级阶段的基本纲领，明确我国跨世纪发展的奋斗目标和任务。在社会主义条件下发展市场经济,是前无古人的伟大创举,是中国共产党人对马克思主义发展作出的历史性贡献,体现了中国共产党坚持理论创新、与时俱进的巨大勇气。

党的十三届四中全会以后,党中央科学判断形势,全面把握大局,进行艰辛探索,针对形势任务发展,不断研究和提出新的战略部署和政策措施,在极其复杂的情况下妥善处理和解决了涉及党和国家工作全局的许多重大问题,奋力推进中国特色社会主义伟大事业和党的建设新的伟大工程,积累了大量成功经验。党的十六大提出党在领导改革开放和现代化建设中取得的十条基本经验,集中体现了党在实践中形成的新的重要认识,标志着对共产党执政规律、社会主义建设规律、人类社会发展规律的认识、把握、运用水平都有了进一步提高。

以江泽民为主要代表的中国共产党人在建设中国特色社会主义的实践中,加深了对什么是社会主义、怎样建设社会主义和建设什么样的党、怎样建设党的认识,积累了治党治国新的宝贵经验,形成了"三个代表"重要思想。"三个代表"重要思想是对马克思列宁主义、毛泽东思想、邓小平理论的继承和发展,反映了世界和中国的发展变化对党和国家工作提出的新要求,是加强和改进党的建设、推进我国社会主义自我完善和发展的强大理论武器,是中国共产党集体智慧的结晶,是党必须长期坚持的指导思想。

(四)形成科学发展观

科学发展观等重大战略思想,是中国特色社会主义理论体系的重要创新成果。进入新世纪新阶段,国际局势加速演变,综合国力竞争空前激烈。面对世情、国情、党情的深刻变化,党的十六大以后,以胡锦涛为主要代表的中国共产党人,团结带领全国各族人民,深化改革开放,加快发展步伐,以加入世界贸易组织为契机,变压力为动力,化挑战为机遇,坚定不移推进全面建设小康社会进程。

党的十六大作出21世纪头20年对我国来说是一个必须紧紧抓住并且可以大有作为的重要战略机遇期的重大判断,确立了"三个代表"重要思想的指导地位,作出了全面建设小康社会的战略决策。党的十七大对推进改革开放和现代化建设、实现全面小康社会宏伟目标作出全面部署。

前进过程中,中国共产党团结带领人民战胜突如其来的"非典"疫情,认真总结我国发展实践,准确把握发展的阶段性特征,及时提出一系列重大战略思想,开拓了经济社会发展的广阔空间。2008年国际金融危机使我国发展遭遇严重困难,党中央科学判断、果断决策,采取一系列重大举措,在全球率先实现经济企稳回升,积累了有效应对外部经济风险冲击、保持经济平稳较快发展的重要经验。我国还成功举办北京奥运会、残奥会和上海世博会,夺取抗击汶川特大地震等严重自然灾害和灾后恢复重建的重大胜利,妥善处置了一系列重大突发事件;形成了中国特色社会主义事业总体布局,着力保障和改善民生,促进社会公平正义,推动建设和谐世界,推进党的执政能力和先进性建设,成功在新的历史起点上坚持和发展了中国特色社会主义。

在改革开放的历史进程中,中国共产党十分重视总结加快实现现代化、巩固和发展社会主义的宝贵经验。党的十七大将这些经验概括为"十个结合",党的十八大提出"八个必须"。这些都是指导改革开放和社会主义现代化建设胜利前进的宝贵精神财富。

党的十六大以后,以胡锦涛为主要代表的中国共产党人,坚持以邓小平理论和"三个代表"重要思想为指导,根据新的发展要求,深刻认识和回答了新形势下实现什么样的发展、怎样发展等重大问题,形成了以人为本、全面协调可持续发展的科学发展观。科学发展观是同马克思列宁主义、毛泽东思想、邓小平理论和"三个代表"重要思想既一脉相承又与时俱进的科学理论,是马克思主义关于发展的世界观和方法论的集中体现,是马克思主义中国化重大成果,是中国共产党集体智慧的结晶,是发展中国特色社会主义必须长期坚持的指导思想。

三、新时代新形势必将推动马克思主义中国化实现更大发展

进入21世纪第二个十年,国内外形势进一步发生深刻复杂变化,我国发展仍处于重要战略机遇期,前景十分光明,挑战也十分严峻。从国际上看,世界正经历百年未有之大变局。世界多极化、经济全球化、社会信息化、文化多样化深入发展,新一轮科技革命和产业变革蓬勃兴起,全球治理体系和国际秩序变革加速推进,和平、发展、合作、共赢的时代潮流不可阻挡。同时,世界面临的不稳定性不确定性突出。从国内看,我国正处于实现中华民族伟大复兴的关键时期,社会生产力水平总体显著提高,成为世界第二大经济体,国家经济实力、科技实力、国防实力、综合国力、国际影响力显著提升。我国既具备过去难以想象的良好条件,又面临各种可以预见和难以预见的困难和问题。

面对新的机遇和挑战,党的十八大以来,以习近平为主要代表的中国共产党人,团结带领全党全国各族人民统揽伟大斗争、伟大工程、伟大事业、伟大梦想,深刻回答了新时代坚持和发展什么样的中国特色社会主义、怎样坚持和发展中国特色社会主义这个重大时代课题,创立了习近平新时代中国特色社会主义思想。

习近平新时代中国特色社会主义思想提出了许多富有时代特点的原创性观点。比如,在政治建设方面,提出"实现中华民族伟大复兴的中国梦",为新时代坚持和发展中国特色社会主义注入了崭新内涵。在经

济建设方面,提出新发展理念,丰富发展了马克思主义生产力理论;提出"我国经济发展进入新常态""我国经济已由高速增长阶段转向高质量发展阶段"等论断,不断深化对经济发展阶段性特征的认识;提出"形成以国内大循环为主体、国内国际双循环相互促进的新发展格局",是与时俱进提升我国经济发展水平的战略抉择,也是塑造我国国际经济合作和竞争新优势的战略抉择。在文化建设方面,在道路自信、理论自信、制度自信的基础上,新增"文化自信",反映了对文化地位和作用认识的极大深化。在社会建设方面,提出"我国社会主要矛盾已经转化为人民日益增长的美好生活需要和不平衡不充分的发展之间的矛盾",丰富发展了马克思主义关于社会矛盾的学说。在生态文明建设方面,提出"绿水青山就是金山银山"的理念,推动马克思主义生态观的时代化发展。在外交和国际问题方面,提出"百年未有之大变局"的重大论断,对世界发展趋势和国际格局演变作出最新判断;提出构建人类命运共同体理念、共商共建共享的全球治理观,引领时代潮流和人类文明进步方向。在党的领导和党的建设方面,提出"坚持以人民为中心",是对全心全意为人民服务根本宗旨和以人为本理念的进一步深化与提升;提出"中国共产党领导是中国特色社会主义最本质特征",丰富了马克思主义建党学说;等等。这些新思想新观点新论断,坚持一切从实际出发,既传承前人得之不易的理论成果,又不断回答实践中出现的新问题,从而达到新的思想高度,丰富了科学社会主义理论,扩大了社会主义思想在世界的影响,开创了马克思主义发展的新境界。

习近平新时代中国特色社会主义思想是对马克思列宁主义、毛泽东思想、邓小平理论、"三个代表"重要思想、科学发展观的继承和发展,是马克思主义中国化的最新成果,是党和人民实践经验和集体智慧的结晶,是中国特色社会主义理论体系的重要组成部分,是全党全国人民实现中华民族伟大复兴的行动指南,必须长期坚持并不断发展。

在习近平新时代中国特色社会主义思想指导下,中国共产党带领全国各族人民,坚持和加强党的全面领导,统筹推进"五位一体"总体布局、协调推进"四个全面"战略布局,坚持和完善中国特色社会主义制度、推进国家治理体系和治理能力现代化,坚持依规治党,形成比较完善的党内法规体系,战胜一系列重大风险挑战,党和国家事业取得历史性成就、发生历史性变革,中国特色社会主义进入新时代。

中国特色社会主义进入新时代,意义重大、影响深远。它意味着近代以来久经磨难的中华民族迎来了从站起来、富起来到强起来的伟大飞跃,迎来了实现中华民族伟大复兴的光明前景;意味着科学社会主义在21世纪的中国焕发出强大生机活力,中国共产党在世界上高高举起了中国特色社会主义伟大旗帜;意味着中国特色社会主义道路、理论、制度、文化不断发展,拓展了发展中国家走向现代化的途径,给世界上那些既希望加快发展又希望保持自身独立性的国家和民族提供了全新选择,为解决人类问题贡献了中国智慧和中国方案。

中国特色社会主义进入新时代,中国共产党人责任重大、使命光荣。那是因为这个新时代是承前启后、继往开来、在新的历史条件下继续夺取中国特色社会主义伟大胜利的时代,是决胜全面建成小康社会、进而全面建设社会主义现代化强国的时代,是全国各族人民团结奋斗、不断创造美好生活、逐步实现全体人民共同富裕的时代,是全体中华儿女勠力同心、奋力实现中华民族伟大复兴中国梦的时代,是我国日益走近世界舞台中央、不断为人类作出更大贡献的时代。

在新时代新征程上,按照党的十九大的部署,从2020年开始到21世纪中叶,将分两个阶段:"第一个阶段,从二〇二〇年到二〇三五年,在全面建成小康社会的基础上,再奋斗十五年,基本实现社会主义现代化","第二个阶段,从二〇三五年到本世纪中叶,在基本实现现代化的基础上,再奋斗十五年,把我国建成富强民主文明和谐美丽的社会主义现代化强国。到那时,我国物质文明、政治文明、精神文明、社会文明、生态文明将全面提升,实现国家治理体系和治理能力现代化,成为综合国力和国际影响力领先的国家,全体人民共同富裕基本实现,我国人民将享有更加幸福安康的生活,中华民族将以更加昂扬的姿态屹立于世界民族之林。"①

在新时代新征程上,中国发展仍然处于重要战略机遇期,但机遇和挑战有许多新的发展和变化。过去,中国发展水平低,同别国的互补性多一些,可以顺势而为发展自己;现在发展水平提高了,同别国竞争多起来了,要顶风发展。同时,中国发展仍具有许多有利条件。经济上,从高速度发展进入高质量发展,起点高、后发优势明显;政治上,中国特色社会主义制度优势愈加凸显,抗击新冠肺炎疫情的胜利充分证明了中国特色社会主义制度的显著优势,中国人民的获得感、幸福感、安全感不断增强。

需要强调的是,中国式现代化还具有许多与众不同的重要特征。第一,中国式现代化是人口规模巨大的现代化,其规模将超过现有发达国家的总和。第二,中国式现代化是全体人民共同富裕的现代化,这是中国特色社会主义的根本原则。第三,中国式现代化是物质文明和精神文明相协调的现代化,其终极目标是人的自由全面发展。第四,中国式现代化是人与自然和谐共生的现代化。第五,中国式现代化是走和平发展

---

① 习近平:《决胜全面建成小康社会,夺取新时代中国特色社会主义伟大胜利——在中国共产党第十九次全国代表大会上的报告》,北京:人民出版社2017年版,第28页。

道路的现代化。

因为具有这些特征,当中国建成世界上第一个走社会主义道路而不是资本主义道路取得成功的现代化强国时,中国共产党领导人民进行社会主义革命、建设和改革的历史意义将更加充分地展示出来,创造的人类文明新形态将对人类文明作出新的更大贡献。

然而,全面建设社会主义现代化强国、实现中华民族伟大复兴,"绝不是轻轻松松、敲锣打鼓就能实现的。全党必须准备付出更为艰巨、更为艰苦的努力"①。

在新时代新征程上,我们必须坚持马克思列宁主义、毛泽东思想、邓小平理论、"三个代表"重要思想、科学发展观,全面贯彻习近平新时代中国特色社会主义思想。同时,要认识到,实践没有止境,理论创新也没有止境。世界每时每刻都在发生变化,中国也每时每刻都在发生变化,必须在理论上跟上时代,而且也能够做到这一点。正如习近平指出:"新中国成立以来特别是改革开放以来,中国发生了深刻变革,置身这一历史巨变之中的中国人更有资格、更有能力揭示这其中所蕴含的历史经验和发展规律,为发展马克思主义作出中国的原创性贡献。"②为此,我们必须"坚持把马克思主义基本原理同中国具体实际相结合、同中华优秀传统文化相结合,用马克思主义观察时代、把握时代、引领时代,继续发展当代中国马克思主义、21世纪马克思主义"③。

---

① 习近平:《决胜全面建成小康社会,夺取新时代中国特色社会主义伟大胜利——在中国共产党第十九次全国代表大会上的报告》,北京:人民出版社2017年版,第15页。

② 《习近平谈治国理政》第2卷,北京:外文出版社2017年版,第66页。

③ 习近平:《在庆祝中国共产党成立100周年大会上的讲话》,北京:人民出版社2021年版,第13页。

继续发展当代中国马克思主义、21世纪马克思主义要紧密结合中国实际。中国特色社会主义进入新时代,我国社会主要矛盾已经转化为人民日益增长的美好生活需要和不平衡不充分的发展之间的矛盾。必须认识到,我国社会主要矛盾的变化是关系全局的历史性变化,对党和国家工作提出了许多新要求,要在继续推动发展的基础上,着力解决好发展不平衡不充分问题,注重高质量发展,更好满足人民日益增长的美好生活需要,促进人的全面发展、社会全面进步。

继续发展当代中国马克思主义、21世纪马克思主义,要紧密结合中华优秀传统文化。中华优秀传统文化是中华民族的基因和血脉,根植于中国人内心,潜移默化影响着中国人的思维方式和行为方式。"先天下之忧而忧,后天下之乐而乐"的政治胸怀,"位卑未敢忘忧国"和"苟利国家生死以,岂因祸福避趋之"的报国情怀,"富贵不能淫,贫贱不能移,威武不能屈"的浩然正气,"人生自古谁无死,留取丹心照汗青"和"鞠躬尽瘁,死而后已"的献身精神,等等。这样的思想和理念有着鲜明的民族特色和永不褪色的时代价值,应该很好地加以继承和发扬。

继续发展当代中国马克思主义、21世纪马克思主义,要紧密结合时代特点。当今世界正处于大发展大变革大调整时期,和平与发展仍是时代主题。然而,不确定不稳定因素增多,中国发展的同时面临机遇和挑战。习近平指出:"领导干部要胸怀两个大局,一个是中华民族伟大复兴的战略全局,一个是世界百年未有之大变局,这是我们谋划工作的基本出发点。"[①] 一方面,中华民族伟大复兴是世界百年未有之大变局的题中应有之义,甚至是关键变量;另一方面,世界百年未有之大变局是中

---

① 《习近平谈治国理政》第3卷,北京:外文出版社2020年版,第77页。

华民族伟大复兴的战略压力、战略动力与战略机遇。关键是要保持战略定力,准确识变、科学应变、主动求变,善于在危机中育先机、于变局中开新局,抓住战略机遇,在大变局中实现从大到强,从而实现中华民族伟大复兴。

  回顾过去,中国共产党推进马克思主义中国化取得了一个个重大理论成果,指引了中国革命、建设和改革事业不断胜利。展望未来,要全面建设社会主义现代化强国、实现中华民族伟大复兴,必须进一步推进马克思主义中国化实现新的更大发展。我们坚信,以马克思主义中国化百年成就和经验作基础,全面贯彻习近平新时代中国特色社会主义思想,以中华民族五千年文明深厚文化积淀作基础,积极吸收世界各国优秀文化成果,紧密结合不断发展的党情、国情、世情,紧密结合当今时代特征,深刻汲取历史经验和教训,不断推进理论创新、实践创新、制度创新、文化创新,一定能够推进马克思主义中国化实现新的更大发展、谱写新的更加精彩的篇章。

马克思主义中国化与中华民族伟大复兴

习近平总书记在庆祝中国共产党成立100周年大会上的讲话中庄严宣告，经过全党全国各族人民持续奋斗，我们实现了第一个百年奋斗目标，在中华大地上全面建成了小康社会，历史性地解决了绝对贫困问题，正在意气风发向着全面建成社会主义现代化强国的第二个百年奋斗目标迈进。在党的二十大报告中，习近平总书记深刻指出："中国共产党为什么能，中国特色社会主义为什么好，归根到底是因为马克思主义行，是中国化时代化的马克思主义行。"① 这一重要论述给我们以深刻的启示。

---

① 习近平：《在庆祝中国共产党成立100周年大会上的讲话》，北京：人民出版社2021年版，第13页。

一、马克思主义中国化的提出

一个民族要想站在科学的最高峰,就一刻也不能没有理论思维。要实现中华民族伟大复兴,同样一刻也不能没有理论思维。马克思主义是我们立党立国的根本指导思想,是我们党的灵魂和旗帜,是我们认识世界、把握规律、追求真理、改造世界的强大思想武器。中国共产党坚持马克思主义基本原理,坚持实事求是,从中国实际出发,洞察时代大势,把握历史主动,进行艰辛探索,不断推进马克思主义中国化时代化,不断开辟马克思主义新境界。

近代以来的中国历史充分证明,没有先进理论的指导,没有能够领导中国社会变革的新的社会力量,中国革命不会成功。十月革命一声炮响,给中国送来了马克思列宁主义。在中国人民和中华民族的伟大觉醒中,在马克思列宁主义同中国工人运动的紧密结合中,中国共产党应运而生。从登上政治舞台的那一刻起,我们党就坚持马克思主义立场观点方法,始终不渝为中国人民谋幸福、为中华民族谋复兴,从此,中国人民开始从精神上由被动转为主动,中华民族开始艰难地但不可逆转地走向伟大复兴。

在领导革命、建设和改革的过程中,如何将马克思主义运用于中国的具体实践,我们党进行了持续不懈的探索。1938年10月,在党的扩大的六届六中全会上,毛泽东首次提出"使马克思主义在中国具体化"[①]的命题。新中国成立后,毛泽东又提出,"马列主义的基本原理在实践中的表现形式,各国应有所不同。在中国,马列主义的基本原理要和中

[①]《毛泽东选集》第2卷,北京:人民出版社1991年版,第534页。

国的革命实际相结合"①。邓小平提出,"把马克思主义的普遍真理同我国的具体实际结合起来,走自己的道路,建设有中国特色的社会主义,这就是我们总结长期历史经验得出的基本结论"②。江泽民提出,"继承是创新的前提,创新是最好的继承。只有坚持这样做,理论才能真正顺应时代和实践的呼唤,实现与时俱进的要求"③。胡锦涛提出,要"把坚持马克思主义基本原理同推进马克思主义中国化结合起来,用党的理论创新成果武装头脑、指导实践、推动工作,巩固马克思主义在意识形态领域的指导地位"④。

党的十八大以来,面对新时代坚持和发展中国特色社会主义的新形势新任务,习近平总书记提出,"要以科学的态度对待科学,以真理的精神追求真理,不断赋予马克思主义以新的时代内涵"⑤。要"坚持理论联系实际,及时回答时代之问、人民之问,廓清困扰和束缚实践发展的思想迷雾,不断推进马克思主义中国化时代化大众化,不断开辟马克思主义发展新境界"⑥。

马克思主义中国化是一个重大命题,提出这个命题就需要很大勇气、面临巨大压力和考验,而形成优秀成果,指导中国革命、建设和改革取得成功就更不容易。中国共产党人做到了这一点。

---

① 《毛泽东文集》第7卷,北京:人民出版社1999年版,第78页。

② 《邓小平文选》第3卷,北京:人民出版社1993年版,第3页。

③ 《江泽民文选》第3卷,北京:人民出版社2006年版,第327页。

④ 《胡锦涛文选》第3卷,北京:人民出版社2016年版,第59页。

⑤ 习近平:《学习马克思主义基本理论是共产党人的必修课》,《习近平关于"不忘初心、牢记使命"重要论述选编》,北京:党建读物出版社、中央文献出版社2019年版,第333页。

⑥ 习近平:《在庆祝改革开放四十周年大会上的讲话》,载《习近平关于"不忘初心、牢记使命"重要论述选编》,北京:党建读物出版社、中央文献出版社2019年版,第374页。

二、马克思主义中国化取得丰硕成果

我们党的历史,就是一部不断推进马克思主义中国化的历史,就是一部不断推进理论创新、进行理论创造的历史。

1921年中国共产党的成立,使中国人民谋求民族独立、人民解放和国家富强、人民幸福的斗争有了主心骨。然而,在一个半殖民地半封建的东方大国,选择一条什么样的道路才能把中国革命引向胜利成为首要问题。年轻的中国共产党,一度简单套用马克思列宁主义关于无产阶级革命的一般原理和照搬俄国十月革命城市武装起义的经验,中国革命遭受严重挫折。从革命斗争的失误教训中,以毛泽东同志为主要代表的中国共产党人深刻认识到,不能以教条主义的观点对待马克思列宁主义,必须从中国实际出发,推进马克思主义中国化。经过不懈探索,中国共产党人创造性地开辟了农村包围城市、武装夺取政权的革命道路。经过28年浴血奋战,取得了新民主主义革命的胜利,实现了几代中国人梦寐以求的民族独立和人民解放。

新中国成立后,以毛泽东同志为主要代表的中国共产党人带领中国人民,在迅速医治战争创伤、恢复国民经济的基础上,不失时机提出了过渡时期总路线,创造性地完成了由新民主主义革命向社会主义革命的转变,使中国这个占世界人口四分之一的东方大国进入了社会主义社会,实现了中国历史上最深刻最伟大的社会变革,为当代中国一切发展进步奠定了根本政治前提和制度基础。

在长期斗争实践中,以毛泽东同志为主要代表的中国共产党人,根据马克思列宁主义基本原理,形成了适合中国情况的科学指导思想——毛泽东思想。毛泽东思想以独创性理论丰富和发展了马克思列宁主义,是马克思主义中国化第一个重大理论成果。

粉碎"四人帮"之后，广大干部群众强烈要求纠正"文化大革命"的错误，使党和国家从危难中重新奋起。与此同时，世界经济快速发展，科技进步日新月异，国家建设百业待兴。在此时刻，以邓小平同志为主要代表的中国共产党人，科学评价毛泽东同志和毛泽东思想，彻底否定"以阶级斗争为纲"的错误理论和实践，深刻总结我国社会主义建设正反两方面经验，借鉴世界社会主义历史经验，创立了邓小平理论，作出把党和国家工作中心转移到经济建设上来、实行改革开放的历史性决策，深刻揭示了社会主义本质，确立社会主义初级阶段基本路线，明确提出走自己的路、建设中国特色社会主义，科学回答了建设中国特色社会主义的一系列基本问题，成功开创了中国特色社会主义，开启了马克思主义中国化的新进程。

党的十三届四中全会以后，国际形势风云变幻，特别是20世纪80年代末90年代初，国内发生政治风波，国际上东欧剧变、苏联解体，党和国家处在决定前途命运的重大历史关头。以江泽民同志为主要代表的中国共产党人，加深了对什么是社会主义、怎样建设社会主义和建设什么样的党、怎样建设党的认识，形成了"三个代表"重要思想，在国内外形势十分复杂、世界社会主义出现严重曲折的严峻考验面前捍卫了中国特色社会主义，确立了社会主义市场经济体制的改革目标和基本框架，确立了社会主义初级阶段的基本经济制度和分配制度，开创全面改革开放新局面，推进党的建设新的伟大工程，成功把中国特色社会主义推向21世纪。

进入新世纪新阶段，国际格局加速演变，综合国力竞争空前激烈。面对世情、国情、党情的深刻变化，党的十六大以后，以胡锦涛同志为主要代表的中国共产党人，根据新的发展要求，深刻认识和回答了新形势下实现什么样的发展、怎样发展等重大问题，形成了科学发展观，强调坚持以人为本、全面协调可持续发展，提出构建社会主义和谐社会，着力保障和改善民生，促进社会公平正义，推动建设和谐世界，推进党的执政能力建设和先进性建设，成功在新的形势下坚持和发展了中国特色社会主义。

党的十八大以来，以习近平同志为主要代表的中国共产党人，团结带领全党全国各族人民统揽伟大斗争、伟大工程、伟大事业、伟大梦想，从理论和实践结合上系统回答了新时代坚持和发展什么样的中国特色社会主义、怎样坚持和发展中国特色社会主义这个重大时代课题，创立了习近平新时代中国特色社会主义思想，统筹推进"五位一体"总体布局，协调推进"四个全面"战略布局，加强党的全面领导，坚持和完善中国特色社会主义制度，推进国家治理体系和治理能力现代化，推动党和国家事业发生历史性变革、取得历史性成就，党的面貌、国家的面貌、人民的面貌、军队的面貌、中华民族的面貌发生了前所未有的变化，近代以来久经磨难的中华民族迎来了从站起来、富起来到强起来的伟大飞跃，迎来了实现中华民族伟大复兴的光明前景。

三、实现中华民族伟大复兴要进一步推进马克思主义中国化

理论实现的程度总是取决于满足需要的程度。回顾过去，中国共产党之所以能够领导中国革命、建设和改革事业不断取得伟大成就，很重要的一个原因就在于推动马克思主义中国化取得了一个个重大理论成果，并始终重视思想建党、理论强党，使全党始终保持统一的思想、坚定的意志、协调的行动、强大的战斗力。

今天，改革发展稳定任务之重、矛盾风险挑战之多、治国理政考验之大都是前所未有的。我们要赢得优势、赢得主动、赢得未来，必须不断

提高运用马克思主义分析和解决实际问题的能力,不断提高运用科学理论指导我们应对重大挑战、抵御重大风险、克服重大阻力、化解重大矛盾、解决重大问题的能力,以更宽广的视野、更长远的眼光来思考把握未来发展面临的一系列重大问题,不断坚定马克思主义信仰和共产主义理想。

在实现第二个百年奋斗目标新的赶考之路上,必须继续推进马克思主义中国化实现新的更大发展。必须坚持把马克思主义基本原理同中国具体实际相结合、同中华优秀传统文化相结合,用马克思主义观察时代、把握时代、引领时代,继续发展当代中国马克思主义、21世纪马克思主义,为实现中华民族伟大复兴不懈奋斗。

党的百年奋斗与马克思主义的强大生命力

党的十九届六中全会通过的《中共中央关于党的百年奋斗重大成就和历史经验的决议》在总结党的百年奋斗的历史意义时强调：党的百年奋斗展示了马克思主义的强大生命力。这一重要结论，为我们深刻认识党的百年历史提供了根本遵循，也为我们进一步坚持和发展马克思主义，把新时代中国特色社会主义伟大事业不断推向前进提供了科学指南。

马克思主义揭示了人类社会发展规律，是认识世界、改造世界的科学真理。从《共产党宣言》发表到今天，170多年过去了，人类社会已经发生了翻天覆地的变化，但马克思主义所阐述的一般原理整个来说仍然是完全正确的。我们要更加自觉、更加刻苦地学习马克思主义，同时必须以科学的态度对待科学的理论。马克思主义是我们立党立国、兴党强国的根本指导思想。一百年多来，中国共产党坚持把马克思主义写在自己的旗帜上,不断推进马克思主义中国化时代化,用博大胸怀吸收人类创造的一切优秀文明成果,用马克思主义中国化的科学理论引领伟大实践,展示了马克思主义的强大生命力。

一、百年奋斗充分检验了马克思主义的科学性与真理性

马克思主义是科学的理论,创造性地揭示了人类社会的发展规律。在马克思提出科学社会主义之前,空想社会主义者早已存在,他们怀着悲天悯人的情感,对理想社会有很多美好的设想,托马斯·莫尔的《乌托邦》、欧文的"新和谐公社"的共产主义试验等等都是这方面的典型代表。但是,由于空想社会主义没有揭示社会发展规律,没有找到实现理想的有效途径,因而也就难以真正对社会发展发生作用。马克思创建了唯物史观和剩余价值学说,揭示了资本主义运行的特殊规律,为人类指明了从必然王国向自由王国飞跃的途径,为人民指明了实现自由和解放的道路。由此,马克思主义极大地推进了人类文明的进程,至今依然是具有重大国际影响的思想体系和话语体系。

在人类思想发展史上,没有一种思想理论像马克思主义那样对人类产生了如此广泛而深刻的影响。正是在马克思主义的指导下,社会主义从概念发展成理论,再发展成推动社会进步的运动,直至将理想变成了美好社会现实。人民第一次成为自己命运的主人,成为实现自身解放和全人类解放的根本政治力量。1917年十月革命的胜利,使社会主义从一种崇高的信仰、理想变成现实的社会主义制度,打破了资本主义一统天下的世界格局。第二次世界大战结束后,一大批社会主义国家诞生,更是极大地壮大了世界社会主义力量。尽管世界社会主义在发展中也出现了曲折,但人类社会发展的总趋势没有改变,也不

会改变。

马克思主义不仅深刻改变了世界,也深刻改变了中国。中华民族具有五千多年绵延不绝的文明历史,为人类文明进步作出了不可磨灭的贡献。但是,由于封建制度的腐朽没落,中国在近代被世界快速发展的浪潮甩在了后面。1840年鸦片战争以后,在西方列强的坚船利炮轰击下,中国危机四起、人民苦难深重,陷入了半殖民地半封建社会的黑暗深渊。实现中华民族伟大复兴始终是近代以来中国人民最伟大的梦想。无数仁人志士前仆后继、不懈探索,寻找救国救民道路,却在很长时间内抱憾而终。太平天国运动、戊戌变法、义和团运动、辛亥革命接连而起,但农民起义、君主立宪、资产阶级共和国制等种种救国方案都相继失败了。当时的情况,正如毛泽东所说的:"国家坏到了极处,人类苦到了极处,社会黑暗到了极处"。[①]中国迫切需要新的思想引领救亡运动,迫切需要新的组织凝聚革命力量。

十月革命一声炮响,为中国送来了马克思列宁主义,给苦苦探寻救亡图存出路的中国人民指明了前进方向、提供了全新选择。马克思主义在中国广泛传播,在与中国工人运动结合进程中诞生了中国共产党。马克思主义使我们党拥有了科学的世界观和方法论,拥有了认识世界、改造世界的强大思想武器。中国共产党自诞生以来,始终把为中国人民谋幸福、为中华民族谋复兴作为自己的初心使命,始终坚持共产主义理想和社会主义信念,团结带领全国各族人民为争取民族独立、人民解放和实现国家富强、人民幸福而不懈奋斗。从此,中国人民

[①] 毛泽东:《民众的大联合》,载《毛泽东早期文稿》,长沙:湖南出版社1990年版,第338页。

开始从精神上由被动转为主动,中华民族开始艰难地但不可逆转地走向伟大复兴。

马克思、恩格斯科学揭示了社会主义必然代替资本主义的历史规律,这是人类社会发展不可逆转的总趋势,但需要经历一个很长的历史过程。在这个过程中,共产党人要立足现实,把握好每个阶段的历史大势,做好当下的事情。一百年来,中国共产党坚持马克思主义基本原理,坚持实事求是,坚持从中国实际出发,洞察时代大势,把握历史主动,进行艰辛探索,不断推进马克思主义中国化时代化发展,指导中国人民不断推进伟大社会革命。

新民主主义革命时期,以毛泽东同志为主要代表的中国共产党人,把马克思主义的基本原理同中国革命的具体实践结合起来,创立了毛泽东思想,成功开辟了农村包围城市、武装夺取政权的中国革命道路,用近30年时间完成了新民主主义革命,建立了新中国,中国人民从此站起来了,为实现中华民族伟大复兴创造了根本社会条件。

社会主义革命和建设时期,以毛泽东同志为主要代表的中国共产党人,团结带领全国各族人民完成社会主义革命、确立社会主义基本制度、推进社会主义建设,完成了中华民族有史以来最为广泛而深刻的社会变革,为实现中华民族伟大复兴奠定了根本政治前提和制度基础,为新的历史时期开创中国特色社会主义提供了宝贵经验。

改革开放和社会主义现代化建设新时期,以邓小平同志为主要代表的中国共产党人,深刻总结新中国成立以来正反两方面经验,围绕什么是社会主义、怎样建设社会主义这一根本问题,借鉴世界社会主义历史经验,创立了邓小平理论,科学回答了建设中国特色社会主义的一系列基本问题,制定了到21世纪中叶分三步走、基本实现社会主义现代化的发展战略,成功开创了中国特色社会主义;以江泽民同志为主要代表的中国共产党人坚持党的基本理论、基本路线,加深了对什么是社会主义、怎样建设社会主义和建设什么样的党、怎样建设党的认识,形成了"三个代表"重要思想,开创全面改革开放新局面,推进党的建设新的伟大工程,成功把中国特色社会主义推向21世纪;以胡锦涛同志为主要代表的中国共产党人,在全面建设小康社会进程中推进实践创新、理论创新、制度创新,深刻认识和回答了新形势下实现什么样的发展、怎样发展等重大问题,形成了科学发展观,促进社会公平正义,推进党的执政能力建设和先进性建设,成功在新形势下坚持和发展了中国特色社会主义。

中国特色社会主义新时代,以习近平同志为主要代表的中国共产党人,坚持把马克思主义基本原理同中国具体实际相结合、同优秀传统文化相结合,深刻总结并充分运用党成立以来的历史经验,从新的实际出发,创立了习近平新时代中国特色社会主义思想。习近平同志对关系新时代党和国家事业发展的一系列重大理论和实践问题进行了深邃思考和科学判断,就新时代坚持和发展什么样的中国特色社会主义、怎样坚持和发展中国特色社会主义,建设什么样的社会主义现代化强国、怎样建设社会主义现代化强国,建设什么样的长期执政的马克思主义政党、怎样建设长期执政的马克思主义政党等重大时代课题,提出一系列原创性的治国理政新理念新思想新战略,是习近平新时代中国特色社会主义思想的主要创立者。以习近平同志为核心的党中央,统揽伟大斗争、伟大工程、伟大事业、伟大梦想,推动党和国家事业发生历史性变革、取得历史性成就,近代以来久经磨难的中华民族迎来了从站起来、富起来到强起来的伟大飞跃。

我们党用40多年时间,在社会主义革命和建设的基础上进行改革开放,全面建成小康社会取得伟大历史性成就,实现了第一个百年奋斗目标,使中华民族伟大复兴向前迈出新的一大步,实现了从大幅落后于时代到大踏步赶上时代的新跨越;下一步,到2035年,我们党要团结带领人民基本实现现代化,并在这个基础上再奋斗15年,到本世纪中叶全面建成社会主义现代化强国。现在,全党全军全国各族人民正紧密团结在以习近平同志为核心的党中央周围,以史为鉴、开创未来,统一思想、统一意志、统一行动,为建设社会主义现代化国家、实现中华民族伟大复兴的中国梦努力奋斗。

一百年来,中国共产党始终践行初心使命,团结带领全国各族人民绘就了人类发展史上的壮美画卷,中华民族伟大复兴展现出前所未有的光明前景。毛泽东同志曾经强调:"如果中国有一百个至二百个系统地而不是零碎地、实际地而不是空洞地学会了马克思主义的同志,那将是等于打倒一个日本帝国主义。"[1]马克思主义深刻改变中国的历史和现实,充分证明了马克思主义的科学真理性,是我们党必须始终遵循的指导思想。

二、百年奋斗充分贯彻了马克思主义的人民性和实践性

人民性和实践性是马克思主义的鲜明特征。从人民性上讲,在《共产党宣言》中,马克思、恩格斯庄严宣告要实现的是绝大多数人的解放和自由发展,强调:过去的一切运动都是少数人的,或者为少数人谋利益的运动。无产阶级的运动是绝大多数人的,为绝大多数人谋利益的独

---

[1] 毛泽东:《论新阶段》,载《建党以来重要文献选编(一九二一—一九四九)》第15册,北京:中央文献出版社2011年版,第650页。

立的运动①。因此,马克思主义是人民的理论。在马克思之前,社会上占统治地位的理论都是为统治阶级服务的。马克思主义第一次站在人民的立场探求人类自由解放的道路,以科学的理论为最终建立一个没有压迫、没有剥削、人人平等、人人自由的理想社会指明了方向。

从实践性上讲,《共产党宣言》强调生产力决定生产关系、经济基础决定上层建筑,生产力和生产关系、经济基础和上层建筑的矛盾是人类社会的基本矛盾,明确提出了"两个必然"的基本论断,即:资产阶级的灭亡和无产阶级的胜利是同样不可避免的。因此,马克思主义又是实践的理论,指引着人民改造世界的行动。马克思指出:"全部社会生活在本质上是实践的","哲学家们只是用不同的方式解释世界,问题在于改变世界"②。实践的观点、生活的观点是马克思主义的基本观点,实践性是马克思主义区别于其他理论的显著特征。马克思主义不是书斋里的学问,而是为了改变人民历史命运而创立的,是在人民求解放的实践中形成的,也是在人民求解放的实践中丰富和发展的,为人民认识世界、改造世界提供了强大精神力量。

青年时代的毛泽东从历史和现实的比较中,深刻认识到人民群众的力量。他强调对于社会"补救的方法,改造的方法,教育,兴业,努力,猛进,破坏,建设,固然是不错,有为这几样根本的一个方法,就是民众的大联合"③。中国共产党是中国工人阶级的先锋队,同时是中国人民和中华民族的先锋队,全心全意为人民服务是党的根本宗旨。江山就是人

---

① 《马克思恩格斯选集》第1卷,北京:人民出版社2012年版,第411页。
② 《马克思恩格斯文集》第1卷,北京:人民出版社2009年版,第502页。
③ 《毛泽东早期文稿》,长沙:湖南出版社1990年版,第338页。

民、人民就是江山,党打江山、守江山,守的是人民的心。来自人民、依靠人民、为了人民,是一百年来中国共产党的发展逻辑和胜利密码。中国共产党始终把人民放在心中最高位置。从"为人民服务",到"把人民拥护不拥护、赞成不赞成、高兴不高兴、答应不答应作为制定方针政策和作出决断的出发点和归宿","代表最广大人民的根本利益","实现好、维护好、发展好最广大人民的根本利益",再到"人民对美好生活的向往,就是我们的奋斗目标",党全心全意为人民服务的根本宗旨一以贯之、坚定不移。

中国共产党把最广大人民根本利益作为作决策、定政策的最高标准。在革命、建设、改革和开创中国特色社会主义新时代的不同历史时期,在事关党和国家前途命运的重大历史关头,党都从人民利益出发,对人民有利的就坚持去做,对人民不利的就坚决反对。党为人民付出了巨大牺牲。从1921年到1949年,党领导的革命队伍中有名可查的烈士就达370多万人;新冠肺炎疫情发生以来,近400名党员、干部为抗击疫情献出了宝贵的生命;脱贫攻坚战中,1800多名党员、干部将生命定格在脱贫攻坚的征程上。

中国共产党是为人民服务的政党,始终相信和依靠人民,最广泛地发动和组织人民为着自己的利益而奋斗。中国共产党依靠人民,从小到大、从弱到强,打败了强大的内外敌人,取得了新民主主义革命的胜利。中国共产党依靠人民,建立新中国,进行轰轰烈烈的社会主义革命和建设,在满目疮痍、一穷二白的烂摊子上干出了一片新天地,国家建设取得巨大成就。中国共产党依靠人民,推进改革开放和社会主义现代化建设,走出一条中国特色社会主义道路,实现了当代人类社会最伟大的经济和社会转型。正如习近平同志指出:"红军时期,人民群众就是党和人民军队的铜墙铁壁;抗日战争时期,我们党广泛发动群众,使日本侵略者陷入人民战争的汪洋大海;淮海战役胜利是靠老百姓用小车推出来的,渡江战役胜利是靠老百姓用小船划出来的;社会主义革命和建设的成就是人民群众干出来的;改革开放的历史伟剧是亿万人民群众主演的"①。中国共产党依靠人民,推动党和国家事业发生历史性变革、取得历史性成就,推动中国特色社会主义进入新时代,创造了让世界刮目相看的奇迹。今天的中国,人民过上了几千年来梦寐以求的好日子,向着共同富裕的目标不断迈进。

一百年来,党带领亿万中华儿女把热血、汗水洒在中国大地上,为实现中华民族伟大复兴顽强斗争、奋力拼搏,创造了彪炳史册的丰功伟绩,书写了光耀千秋的英雄史诗。

党与人民心连心、同呼吸、共命运的百年奋斗史充分证明马克思主义是人民的理论,是实践的理论。马克思主义之所以具有跨越国度、跨越时代的影响力,就是因为它植根人民之中,指明了依靠人民创造历史伟业、推动社会进步的人间正道。

三、百年奋斗充分彰显了马克思主义的开放性和时代性

与时代同步伐,与人民共命运,关注和回答时代和实践提出的重大课题,是马克思主义永葆生机活力的奥妙所在。马克思一再告诫人们,马克思主义理论不是教条,而是行动的指南,必须随着实践的变化而发展。一部马克思主义发展史就是马克思、恩格斯以及他们的后继者们不断根据时代、实践、认识发展而发展的历史,是不断吸收人类历史上一切优秀思想文化成果丰富自己的历史。

---

① 《习近平谈治国理政》第4卷,北京:外文出版社2022年版,第512页。

中国共产党在领导中国革命、建设、改革和开创中国特色社会主义新时代的长期实践中,坚持把马克思主义基本原理同中国具体实际相结合,不断推进马克思主义中国化时代化,指引中国人民夺取一个又一个伟大胜利,领导人民在一次次求索、一次次挫折、一次次开拓中完成中国其他各种政治力量不可能完成的艰巨任务。

新民主主义革命时期,在一个半殖民地半封建的东方大国进行革命,面对的特殊国情是农民占人口的绝大多数,落后分散的小农经济、小生产及其社会影响根深蒂固,又遭受着西方列强侵略和压迫,经济文化十分落后,选择一条什么样的道路才能把中国革命引向胜利成为首要问题,也是马克思主义发展史上前所未有的难题。中国共产党一度简单套用马克思列宁主义关于无产阶级革命的一般原理、照搬俄国十月革命城市武装起义的经验,中国革命曾遭受到严重挫折。对此,毛泽东明确提出:"马克思主义的'本本'是要学习的,但是必须同我国的实际情况相结合"[1],"马克思主义的中国化,使之在其每一表现中带着中国的特性,即是说,按照中国的特点去应用它,成为全党亟待了解并亟须解决的问题"[2]。

毛泽东成为马克思主义中国化的伟大开拓者。在革命斗争中,以毛泽东同志为主要代表的中国共产党人,把马克思列宁主义基本原理同中国具体实践相结合,对经过艰苦探索、付出巨大牺牲积累的一系列独创性经验作了理论概括,开辟了农村包围城市、武装夺取政权的正确革命

---

[1]《毛泽东选集》第1卷,北京:人民出版社1991年版,第111—112页。
[2]《建党以来重要文献选编(一九二一——一九四九)》第15册,北京:中央文献出版社2011年版,第651页。

道路,创立了毛泽东思想。在这一科学理论指导之下,我们党领导人民取得了新民主主义革命的胜利,成立新中国,实现民族独立、人民解放,彻底结束了旧中国半殖民地半封建社会的历史,彻底结束了极少数剥削者统治广大劳动人民的历史,彻底结束了旧中国一盘散沙的局面,彻底废除了列强强加给中国的不平等条约和帝国主义在中国的一切特权,实现了中国从几千年封建专制政治向人民民主的伟大飞跃,也极大改变了世界政治格局,鼓舞了全世界被压迫民族和被压迫人民争取解放的斗争。

社会主义革命和建设时期,毛泽东同志提出把马克思列宁主义基本原理同中国具体实际进行"第二次结合",以毛泽东同志为主要代表的中国共产党人,结合新的实际丰富和发展了毛泽东思想,提出关于社会主义建设的一系列重要思想,包括社会主义社会是一个很长的历史阶段,严格区分和正确处理敌我矛盾和人民内部矛盾,正确处理我国社会主义建设的十大关系,走出一条适合我国国情的工业化道路,尊重价值规律,在党与民主党派关系上实行"长期共存、互相监督"的方针,在科学文化工作中实行"百花齐放、百家争鸣"的方针等。这些独创性理论成果至今仍有重要指导意义。

毛泽东思想是马克思列宁主义在中国的创造性运用和发展,是被实践证明了的关于中国革命和建设的正确的理论原则和经验总结,是马克思主义中国化的第一次飞跃。毛泽东思想的活的灵魂是贯穿于各个组成部分的立场、观点、方法,体现为实事求是、群众路线、独立自主三个基本方面,为党和人民事业发展提供了科学指引。

在中国共产党领导下,我国各族人民意气风发投身中国历史上不曾有过的社会主义建设。在不长的时间里,我国建立起独立的比较完整的工业体系和国民经济体系,独立研制出"两弹一星",成为在世界上有重要影响的大国,积累起在一个社会生产力水平十分落后的东方大国进行社会主义建设的重要经验。在探索社会主义现代化建设道路中,我们党取得了一些积极成果。但是,由于对国际国内形势的认识逐步发生偏差,指导思想也发生偏差,好的探索没有完全坚持下去,最后发生了"文化大革命"这样全局性的长时间的严重错误,使党、国家和人民遭受新中国成立以来最严重的挫折和损失,没有找到一条完全符合中国实际的建设社会主义、实现国家现代化的道路。

"文化大革命"结束后,"中国向何处去"成为摆在中国人民面前头等重要的问题。邓小平以他的远见卓识、丰富政治经验、高超领导艺术,强调"实事求是"是毛泽东思想的精髓,旗帜鲜明反对"两个凡是"的错误观点,支持和领导开展关于真理标准问题的讨论,推进各方面的拨乱反正。在邓小平的指导下,1978年12月召开党的十一届三中全会,重新确立了解放思想、实事求是的思想路线,停止使用"以阶级斗争为纲"的错误提法,确定把全党工作的重点转移到社会主义现代化建设上来,作出实行改革开放的重大决策,实现了党的历史上具有深远意义的伟大转折。

改革开放和社会主义现代化建设新时期,党深刻认识到,开创改革开放和社会主义现代化建设新局面,必须以理论创新引领事业发展。邓小平同志指出:"一个党,一个国家,一个民族,如果一切从本本出发,思想僵化,迷信盛行,那它就不能前进,它的生机就停止了,就要亡党亡国。"[①] 他强调:"不以新的思想、观点去继承、发展马克思主义,不是真

[①]《邓小平文选》第3卷,北京:人民出版社1993年版,第143页。

正的马克思主义者"①。党领导和支持开展真理标准问题大讨论,从新的实践和时代特征出发坚持和发展马克思主义,科学回答了建设中国特色社会主义的发展道路、发展阶段、根本任务、发展动力、发展战略、政治保证、祖国统一、外交和国际战略、领导力量和依靠力量等一系列基本问题,形成中国特色社会主义理论体系,实现了马克思主义中国化新的飞跃。在这一科学理论指导之下,党团结带领人民不懈奋斗,改革开放和社会主义现代化建设取得举世瞩目的伟大成就。我国实现了从生产力相对落后的状况到经济总量跃居世界第二的历史性突破,实现了人民生活从温饱不足到总体小康、奔向全面小康的历史性跨越,推进了中华民族从站起来到富起来的伟大飞跃。

党的十八大以来,中国特色社会主义进入新时代。国内外形势发生深刻复杂变化,我国发展仍处于重要战略机遇期,前景十分光明,挑战也十分严峻。改革开放以后,党和国家事业取得重大成就,为新时代发展中国特色社会主义事业奠定了坚实基础、创造了有利条件。同时,党清醒地认识到,外部环境变化带来许多新的风险挑战,国内改革发展稳定面临不少长期没有解决的深层次矛盾和问题以及新出现的一些矛盾和问题,管党治党一度宽松软带来党内消极腐败现象蔓延、政治生态出现严重问题,党群干群关系受到损害,党的创造力、凝聚力、战斗力受到削弱,党治国理政面临重大考验。习近平同志明确指出:"必须进行具有许多新的历史特点的伟大斗争",同时强调:"要吸收人类创造的一切优秀文化成果,不断深化对共产党执政规律、社会主义建设规律、人类社会发展规律的认识,发展二十一世纪马克思主义、当代中国马克思主

---

① 《邓小平文选》第3卷,北京:人民出版社1993年版,第292页。

义,续写马克思主义中国化新篇章"①。

面对重大考验和严峻挑战,以习近平同志为核心的党中央,以伟大的历史主动精神、巨大的政治勇气、强烈的责任担当,统筹国内国际两个大局,贯彻党的基本理论、基本路线、基本方略,坚持稳中求进工作总基调,出台一系列重大方针政策,推出一系列重大举措,推进一系列重大工作,战胜一系列重大风险挑战,解决了许多长期想解决而没有解决的难题,办成了许多过去想办而没有办成的大事,推动党和国家事业取得历史性成就、发生历史性变革。

在中国特色社会主义新时代,以习近平同志为主要代表的中国共产党人,坚持把马克思主义基本原理同中国具体实际相结合、同中华优秀传统文化相结合,创立了习近平新时代中国特色社会主义思想。习近平新时代中国特色社会主义思想是当代中国马克思主义、二十一世纪马克思主义,是中华文化和中国精神的时代精华,实现了马克思主义中国化新的飞跃。

在这一科学理论指导之下,党团结带领人民砥砺前行,全面建成小康社会目标如期实现,开启全面建设社会主义现代化国家新征程,彰显了中国特色社会主义的强大生机活力,党心军心民心空前凝聚振奋,为实现中华民族伟大复兴提供了更为完善的制度保证、更为坚实的物质基础、更为主动的精神力量。事实充分证明:党确立习近平同志党中央的核心、全党的核心地位,确立习近平新时代中国特色社会主

---

① 习近平:《学习马克思主义基本理论是共产党人的必修课》,载《习近平关于"不忘初心、牢记使命"重要论述选编》,北京:党建读物出版社、中央文献出版社2019年版,第333页。

义思想的指导地位,反映了全党全军全国各族人民共同心愿,对新时代党和国家事业发展、对推进中华民族伟大复兴历史进程具有决定性意义。

中国共产党不断推进马克思主义中国化时代化的百年历程,充分证明马克思主义是不断发展的开放的理论。马克思主义是科学的理论体系,它所阐述的一般原理不会随着时间的推移而过时。马克思主义之所以具有超越时空的恒久价值和旺盛生命力,还在于马克思主义是开放性和时代性的科学真理,它会随着时代的变化、实践的发展而不断地丰富和创新自己的理论内容。

马克思主义中国化时代化不断取得成功,使马克思主义以崭新形象展现在世界上,使世界范围内社会主义和资本主义两种意识形态、两种社会制度的较量发生了有利于社会主义的重大转变。改革开放以来特别是党的十八大以来,我们党领导人民创造了世所罕见的经济快速发展和社会长期保持稳定的两大奇迹。在抗击新冠肺炎疫情伟大斗争中取得重大胜利,在世界人民面前充分展示了社会主义制度的优越性,以中国行动诠释了人类命运共同体理念。

反观资本主义国家,自2008年国际金融危机以来,经济长期低迷,贫富差距日益拉大,社会矛盾十分尖锐,充分表明资本主义无法解决自身种种根深蒂固的矛盾和弊端。新冠肺炎疫情的应对不力更是进一步暴露了资本利益至上、唯利是图的本质,凸显了马克思主义和社会主义是人类命运所系、前途所在。正如秘鲁共产党(红色祖国)主席阿尔韦·托莫雷诺·罗哈斯(2021)强调的:"中国实行改革开放,翻开了建设中国特色社会主义的新篇章,并取得了举世瞩目的成就。中国特色社会主义的成功,大大提升了社会主义的国际影响力,使马克思主义和社会主义重新成为世界舞台的主人公"。① 在新征程上,只要我们勇于结合新的实践,不断推进理论创新、善于用新的理论指导新的实践,就一定能够让马克思主义在中国大地上展现出更加强大、更有说服力的真理力量。

---

① 《中共为世界社会主义发展作出了重大贡献》,载《光明日报》2021年4月29日,第12版。

从百年党史中汲取历史智慧　弘扬历史主动精神

在庆祝中国共产党成立100周年之际,在全体党员中开展党史学习教育、举行庆祝中国共产党成立100周年大会等系列活动,在人民群众中激发起澎湃热情和强大正能量,汇聚起全面建设社会主义现代化国家、实现中华民族伟大复兴的磅礴力量。特别是习近平总书记在庆祝中国共产党成立100周年大会上发表的重要讲话,紧紧围绕实现中华民族伟大复兴这个主题,贯通历史、现实、未来,充满着对党的历史的无比珍视、对党的事业的无比自信,具有极为重要的政治意义、理论意义、实践意义。习近平总书记在讲话中指出,中国共产党坚持马克思主义基本原理,坚持实事求是,从中国实际出发,洞察时代大势,把握历史主动,进行艰辛探索,不断推进马克思主义中国化时代化,指导中国人民不断推进伟大社会革命。这一重要论述,为我们深刻认识党的百年历史提供了根本遵循,也为我们进一步把握历史发展规律和大势,始终掌握党和国家事业发展的历史主动,把新时代中国特色社会主义伟大事业推向前进提供了科学指南。

一、抢抓机遇　加快发展

"虽有智慧,不如乘势。"在100年不懈奋斗中,我们党始终以马克思主义基本原理分析把握历史大势,正确处理中国和世界的关系,善于抓住和用好各种历史机遇,推动革命、建设和改革事业不断发展。

正如习近平总书记在党史学习教育动员大会上指出的,我们党的诞生就是顺应世界发展大势的结果。十月革命的胜利、社会主义的兴起,就是当时的世界大势。我们党从这个世界大势中产生,走在了时代前列。抗日战争时期,我们党从世界反法西斯战争和中国人民抗日救亡强烈愿望的大势出发,促成了抗日民族统一战线,并最终团结带领人民赢得了抗日战争伟大胜利。中华人民共和国的成立和巩固,也是顺应时代大潮的产物。那时,社会主义发展壮大,亚非拉民族解放运动风起云涌,出现"东风压倒西风"的气象,新中国就是沐浴着这个东风诞生并站住了脚的。作出改革开放的重大决策,也是基于我们党对时代潮流的深刻洞察。当时,世界经济科技快速发展,我国发展同国际先进水平的差距明显拉大,邓小平说:"我们要赶上时代,这是改革要达到的目的。"我们党对世界大势作出了科学判断,下决心实现党和国家工作中心的转移,一往无前拉开了改革开放的历史大幕。

此外,在百年奋斗中,我们党还成功抓住了其他一些影响很大的重要机遇。

在改革开放和社会主义现代化建设新时期,2002年召开的党的十六大作出21世纪头20年对我国来说,是一个必须紧紧抓住并且可以大有作为的重要战略机遇期的判断,并明确提出全面建设小康社会目标的安排。经过20年奋斗,到2021年,我国经济社会建设取得巨大成就,跃升为世界第二大经济体、制造业第一大国、货物贸易第一大国、外汇储备第一大国,综合国力极大提升,人民生活大幅度改善,全面建成小康社会任务如期实现,开启全面建成社会主义现代化强国的新征程,中华民族伟大复兴展现光明前景。

在新的征程上,当前和今后一个时期,我国发展仍然处于重要战略机遇期,但机遇和挑战都有新的发展变化。现在是危和机并存、危中有机、危可转机,机遇更具有战略性、可塑性,挑战更具有复杂性、全局性,挑战前所未有,应对好了,机遇也就前所未有。

我国有独特的政治优势、制度优势、发展优势和机遇优势,经济社会发展依然有诸多有利条件,我们完全有信心、有底气、有能力谱写经济快速发展、社会长期稳定"两大奇迹"新篇章。我们要增强机遇意识、风险意识,准确识变、科学应变、主动求变,勇于开顶风船,善于化危为机,为全面建设社会主义现代化国家开好局、起好步。

二、勇于斗争　敢于胜利

中国的革命、建设、改革,面临党内和党外的、国内和国际的、传统和非传统的、人类社会和自然界的多种复杂严峻的风险挑战。党领导人民迎接挑战、从容应对,勇于斗争、敢于胜利,在应对挑战、化解风险中推动事业发展,取得并巩固了执政地位,保证了国家安全,保持了发展的连续性和稳定性。

中国共产党时刻牢记"安而不忘危,存而不忘亡,治而不忘乱",始终保持清醒头脑,科学分析形势,下好先手棋、打好主动仗。抗战结束后,中华民族面临两个前途、两种命运的抉择,党顺应时代潮流和人民意愿,发表《对目前时局的宣言》,明确提出和平、民主、团结的口号,与国民党进行谈判。国民党悍然发动全面内战后,我们党准确把握民心所向和大势所趋,及时提出"打倒蒋介石,解放全中国"的口号,领导人民军队在人民支持下,以一往无前的英雄气概同穷凶极恶的敌人进行殊死斗争,进行伟大的战略决战、渡江战役,解放全中国,为夺取新民主主义革命胜利建立了历史功勋。

新中国成立后刚几个月,正当中国共产党领导全国人民为争取国家财政经济状况基本好转而斗争的时候,1950年6月25日,中国的近邻朝鲜爆发内战。美国悍然进行武装干涉,发动对朝鲜的全面战争,同时派遣海军第七舰队入侵台湾海峡,并不顾中国政府多次警告,越过"三八线",直逼中朝边境的鸭绿江和图们江,直接威胁我国安全,威胁远东与世界和平。针对美帝国主义强加给中国人民的这场战争,中共中央、毛泽东高瞻远瞩,审时度势,应朝鲜劳动党和政府的请求,毅然作出抗美援朝、保家卫国的历史性决策,派遣中国人民志愿军入朝作战,以大无畏的英雄气概承担起保卫和平的历史使命。经过两年零九个月艰苦卓绝的浴血奋战,赢得了抗美援朝战争的伟大胜利。经此一战,中国人民粉碎了侵略者陈兵国门进而将新中国扼杀在摇篮中的图谋,可谓"打得一拳开,免得百拳来",帝国主义再也不敢作出武力进犯中国的尝试,新中国真正站稳了脚跟。

20世纪80年代末90年代初,国际格局加速演变。1989年我国政治风波过后,以美国为首的一些西方国家掀起反华浪潮。美国政府和国会发表声明,对中国政府进行污蔑和攻击,并宣布采取一系列"制裁"措施。西方七国首脑和欧洲共同体会议也宣布对中国采取中止高层政治接触、延缓世界银行贷款等"制裁"措施。从1989年下半年起,接连发生苏联解体、东欧剧变。面对纷繁复杂的国际形势,邓小平反复强调要保持稳定和坚持改革开放,并提出冷静观察、稳住阵脚、沉着应对、韬光养晦、善于守拙、决不当头、有所作为等一系列指导方针。根据邓小平提出的方针,党中央作出重要判断,明确提出,要继续执行改革开放以来的基本外交政策,坚持反对霸权主义和强权政治,坚持在和平共处五项原则基础上同世界上一切国家发展友好关系。经过三年多的努力,中国有效应对了1989年政治风波后的种种外部挑战,中国外交朝着更加坚定的方向发展,改革开放和中国特色社会主义事业经受住了考验。

建设社会主义现代化国家、实现中华民族伟大复兴,绝不是轻轻松松、敲锣打鼓就能实现的,前进道路上会出现各种可以预测和不可预测的风险和挑战。我们要保持忧患意识,始终居安思危。对于危及党的执政地位、国家政权稳定,危害国家核心利益,危害中国人民根本利益,有可能打断中华民族伟大复兴进程的重大风险挑战,要坚决斗争、坚决胜利。

三、纠正错误 开创新局

中国共产党在领导人民取得革命、建设、改革伟大成就的同时,也经历过许多失误和挫折。但是,党能够正视自身问题,勇于修正错误,不断战胜自我、超越自我,领导人民开创新局。

中国共产党是全心全意为人民服务的政党,有缺点、有错误不怕别人批评指出,敢于为人民利益坚持正确的、改掉错误的。

建党之初和大革命时期,党制定民主革命纲领,发动工人运动、青年运动、妇女运动,推进并帮助国民党改组和国民革命军建立,领导全国反帝反封建伟大斗争,掀起大革命高潮。1927年国民党内反动集团叛变革命,残酷屠杀共产党人和革命人民,由于党内以陈独秀为代表的右倾思想发展为右倾机会主义错误并在党的领导机关中占据统治地位,党和人民不能组织有效抵抗,致使大革命在强大敌人的突然袭击下遭到惨重失败。据1927年11月统计,党员数量由大革命高潮时期的近6万人急剧减少到1万多人。从1927年3月到1928年上半年,被杀害的共产党员和革命群众达31万多人,其中共产党员2.6万人,革命面临严重危机。1927年7月12日,根据共产国际执行委员会指示,中共中央进行改组,由张国焘、李维汉、周恩来、李立三、张太雷组成中央临时常务委员会。陈独秀从此离开中共中央最高领导岗位。

面对敌人的疯狂屠杀,优秀的共产党员写下"砍头不要紧,只要主义真"的铮铮誓言英勇就义;活着的共产党员揩干身上的血迹,掩埋好同伴的尸体,义无反顾地继续战斗。以毛泽东同志为主要代表的中国共产党人开创了"以农村包围城市"的中国革命新道路,通过"三湾改编"、古田会议和土地革命等一系列措施,革命形势重现高潮,到1930年前后,各个革命根据地和红军都有了很大发展。

革命形势虽然很好,但党内"左"倾错误在不断发展。特别是由于王明"左"倾教条主义在党内的错误领导,中央革命根据地第五次反"围剿"失败,红军不得不进行战略转移,经过艰苦卓绝的长征,转战到陕北。"左"倾路线的错误给革命根据地和白区革命力量造成极大损失。1935年1月,中央政治局在长征途中举行遵义会议,事实上确立了毛泽东同志在党中央和红军的领导地位。开始确立以毛泽东同志为主要代表的马克思主义正确路线在党中央的领导地位,开始形成以毛泽东同志为核心的党的第一代中央领导集体,开启了党独立自主解决中国革命实际问题新阶段,在最危急关头挽救了党、挽救了红军、挽救了中国革命,在这以后党战胜了张国焘的分裂主义,胜利完成长征,打开中国革命新局面。1945年,党的六届七中全会通过《关于若干历史问题的决议》,对建党以后特别是党的六届四中全会至遵义会议前这一段党的历史及其经验教训进行总结,对若干重大历史问题作出结论,使全党特别是党的高级干部对中国革命基本问题的认识达到一致,增强了全党团结,为党的七大胜利召开创造了充分条件,有力促进了中国革命事业的发展。

进入20世纪60年代,毛泽东在关于社会主义社会阶级斗争的理论和实践上的错误发展得越来越严重,党中央未能及时纠正这些错误。毛泽东对当时我国阶级形势以及党和国家政治状况作出完全错误的估计,发动和领导了"文化大革命",林彪、江青两个反革命集团利用毛泽东的错误,进行了大量祸国殃民的罪恶活动,酿成十年内乱,使党、国家、人民遭到新中国成立以来最严重的挫折和损失。1976年10月,中央政治局执行党和人民的意志,毅然粉碎了"四人帮",结束了"文化大革命"这场灾难。

1978年12月,党的十一届三中全会果断结束"以阶级斗争为纲",实现党和国家工作中心转移,开启了改革开放和社会主义现代化建设新时期,实现了新中国成立以来党的历史上具有深远意义的伟大转折。党作出否定"文化大革命"的重大决策。1981年,党的十一届六中全会通过《关于建国以来党的若干历史问题的决议》,回顾了新中国成立以前党的历史,总结了社会主义革命和建设的历史经验,对一些重大事件和重要人物作出评价,特别是正确评价了毛泽东同志的历史地位和毛泽东思想的科学体系,分清了是非,纠正了"左"右两方面的错误观点,统一了全党思想,对推动全党团结一致向前看、更好推进改革开放和社会主义现代化建设产生了重大影响。

没有一个政党是不犯错误的,重要的是能否从错误中学习,取得教训。中国共产党是伟大、光荣、正确的党,并不是因为从来不犯错误,而是因为能够正确认识错误,从错误中学习,通过吸取教训提高对客观规律的认识,进而纠正错误,使错误成为正确的先导。坚持真理、修正错误,永远是坚持为人民服务、坚持人民至上而恪守的态度。

回顾100年来,不管形势和任务如何变化,不管遇到什么样的惊涛骇浪,我们党都始终把握历史主动、锚定奋斗目标,沿着正确方向坚定前行。我们党团结带领人民用近30年时间完成了新民主主义革命,建立了新中国,中国人民从此站起来了;我们党团结带领人民在社会主义革命和建设基础上用40多年时间进行改革开放,全面建成小康社会取得伟大历史性成就,实现了第一个百年奋斗目标。

特别是党的十八大以来,以习近平同志为主要代表的中国共产党人,坚持把马克思主义基本原理同中国具体实际相结合、同中华优秀传统文化相结合,坚持毛泽东思想、邓小平理论、"三个代表"重要思想、科学发展观,深刻总结并充分运用党成立以来的历史经验,从新的实际出发,创立了习近平新时代中国特色社会主义思想。习近平总书记对关系新时代党和国家事业发展的一系列重大理论和实践问题进行了深邃思考和科学判断,是习近平新时代中国特色社会主义思想的主要创立者。习近平新时代中国特色社会主义思想是当代中国马克思主义、21世纪马克思主义,是中华文化和中国精神的时代精华,实现了马克思主义中国化新的飞跃。党确立习近平同志党中央的核心、全党的核心地位,确立习近平新时代中国特色社会主义思想的指导地位,反映了全党全军全国各族人民的共同心愿,对新时代党和国家事业发展、对推进中华民族伟大复兴的历史进程,具有决定性意义。

党清醒地认识到,改革开放以来党和国家事业取得的重大成就,为新时代发展中国特色社会主义事业奠定了坚定基础、创造了有利条件。同时,外部环境变化带来许多新的风险挑战,国内改革发展稳定面临不少长期没有解决的深层次矛盾和问题以及一些新出现的矛盾和问题,管党治党一度宽松软带来党内消极腐败现象蔓延、政治生态出现严重问题,党群干群关系受到损害,党的创造力、凝聚力、战斗力受到削弱,党治国理政面临重大考验。

以习近平同志为核心的党中央,以伟大的历史主动精神、巨大的政治勇气、强烈的使命担当,统筹国内国际两个大局,贯彻党的基本理论、基本路线、基本方略,统揽伟大斗争、伟大工程、伟大事业、伟大梦想,坚持稳中求进工作总基调,出台一系列重大方针政策,推出一系列重大举措,推进一系列重大工作,战胜一系列重大风险挑战,解决了许多长期想解决而没有解决的难题,办成了许多过去想办而没有办成的大事,推动党和国家事业取得历史性成就、发生历史性变革,牢牢把握了党、国家和中华民族的历史发展的战略主动。

下一步,到2035年,我们党要团结带领人民基本实现社会主义现代化,并在这个基础上再奋斗15年,到本世纪中叶全面实现社会主义现代化,这是多么伟大、多么不易!责任重大、使命光荣。

习近平总书记指出:"一个国家能不能富强,一个民族能不能振兴,最重要的就是看这个国家、这个民族能不能顺应时代潮流,掌握历史前进的主动权。"我们要深刻认识到,一代人有一代人的责任。中华民族伟大复兴曙光在前、前途光明。同时,中华民族伟大复兴绝不是轻轻松松、敲锣打鼓就能实现的。我们面临难得的机遇,也面临严峻的挑战。在这个关口,容不得任何停留、迟疑、观望,必须不忘初心、牢记使命,一鼓作气、继续奋斗。

要通过深入学习党的百年历史,了解党团结带领中国人民为中华民族作出的伟大贡献和根本成就,认清当代中国所处的历史方位,弘扬历史主动精神,增强历史自觉,把苦难辉煌的过去、日新月异的现在、光明宏大的未来贯通起来,在乱云飞渡中把牢正确方向,在风险挑战面前砥砺胆识,激发实现中华民族伟大复兴的信心和动力,风雨无阻,坚毅前行,开创属于我们这一代人的历史伟业。

第三辑

历史决议
与
中国式现代化的历史进程

实现现代化是世界上众多国家的普遍追求。但囿于各国的历史文化传统、现实国情、政治主导力量等不同,现代化道路和结果存在诸多差异。《中共中央关于党的百年奋斗重大成就和历史经验的决议》指出:"党领导人民成功走出中国式现代化道路,创造了人类文明新形态,拓展了发展中国家走向现代化的途径,给世界上那些既希望加快发展又希望保持自身独立性的国家和民族提供了全新选择。"

中国共产党是怎样走出一条中国式现代化道路?本专辑回溯党的革命、建设和改革的百年奋斗史,聚焦于贯穿党史百年先后出现的三个"历史决议"的历史条件、时代背景和具体内容,系统阐述中国共产党是如何在党和国家发展的重要历史时刻和重大历史关头,承前启后、继往开来,做出重大历史性决策的。

作者认为,善于总结经验、向历史问计,是中国共产党从胜利走向胜利的政治秘诀。这三个历史决议,既贯通了历史、现在、未来,又接续传统、映照现实、指导实践,具有以史为鉴、开创未来的鲜明导向,与"站起来""富起来""强起来"的三次历史性飞跃、实现中华民族伟大复兴有着非常密切的关系。

第一和第二个历史决议与中国革命和建设

我们党历来高度重视历史研究、学习、宣传和教育。党的领导人对此作过很多论述。毛泽东同志指出,"指导一个伟大的革命运动的政党,如果没有革命理论,没有历史知识,没有对于实际运动的深刻的了解,要取得胜利是不可能的"。①邓小平同志指出,要懂得些中国历史,这是中国发展的一个精神动力。②习近平同志指出,历史是最好的教科书,也是最好的清醒剂。他们不仅这样说,更是这样做的。毛泽东、邓小平分别领导形成了《关于若干历史问题的决议》和《关于建国以来党的若干历史问题的决议》,习近平则在党的百年华诞到来之际,领导全党开展党史学习教育。通过研究、学习、宣传教育党的历史,促进革命和建设事

---

① 《毛泽东选集》第2卷,北京:人民出版社1991年版,第533页。
② 《邓小平文选》第3卷,北京:人民出版社1993年版,第358页。

业的发展。

党的前两个历史决议是中国共产党人肩负民族独立、人民解放和国家富强、人民幸福历史使命,在领导推进革命、建设、改革和探索适合本国国情的现代化道路中形成的。

一、伟大转折关头的历史性决策

马克思恩格斯在《共产党宣言》中指出,资产阶级"由于开拓了世界市场,使一切国家的生产和消费都成为世界性的了",同时指出,"正像它使农村从属于城市一样,它使未开化和半开化的国家从属于文明的国家,使农民的民族从属于资产阶级的民族,使东方从属于西方"。[①] 马克思所说的从属的过程,无疑就是西方国家对东方国家进行侵略掠夺的过程,就是东方国家经受血与火洗礼的过程。

近代中国错过了工业革命的机遇,由几千年长期领先世界变成大大落后于世界。在西方列强侵略和封建腐朽势力统治下,中国人民和中华民族遭受了前所未有的苦难。救亡图存的民族使命迫在眉睫。为改变中华民族命运,无数仁人志士、各阶级代表进行了千辛万苦的探索和不屈不挠的斗争。著名的有:农民阶级的太平天国运动、义和团运动,封建地主阶级的洋务运动、清末立宪运动,资产阶级的戊戌变法和辛亥革命,但无一例外都失败了。

事实证明,不触动封建根基的自强运动和改良主义、旧式农民战争、资产阶级革命派领导的革命、照搬西方资本主义的其他种种方案,都不能完成中华民族救亡图存的民族使命和反帝反封建的历史

---

① 《马克思恩格斯文集》第 2 卷,北京:人民出版社 2009 年版,第 36 页。

任务。要解决中国发展进步的问题,必须找到能够指导中国人民进行反帝反封建革命的先进理论,必须找到能够领导中国社会变革的新的社会力量。

第一次世界大战充分暴露了西方资本主义制度的固有矛盾和弊端,使中国先进分子开始对其进行反思。这种反思,为中国先进分子放弃资产阶级共和国方案、继续探索救国救民的真理和接受社会主义思潮,创造了条件。第一次世界大战期间,1917年爆发的俄国十月社会主义革命极大地鼓舞了中国人民和中国的先进分子。俄国当时的国情与中国有近似之处。俄国革命给中国先进分子以巨大鼓舞,他们提出:走俄国人的路,这就是结论。

在这样的形势下,1921年中国共产党诞生了。中国共产党是在近代以来中国社会的剧烈变革中,在中国人民反抗封建统治和外来侵略的激烈斗争中,在马克思列宁主义同中国工人运动的结合过程中应运而生的。

中国共产党一经成立,就把实现共产主义作为党的最高理想和最终目标,义无反顾地肩负起实现中华民族伟大复兴的历史使命,团结带领人民进行艰苦卓绝的斗争。然而,在一个半殖民地半封建的东方大国进行革命,面对的特殊国情是农民占人口绝大多数,落后分散的小农经济及其社会影响根深蒂固,又遭受着西方列强侵略压迫,经济文化十分落后,选择一条什么样的道路才能把中国革命引向胜利,成为首要难题。年轻的中国共产党人,一度简单套用马克思列宁主义关于无产阶级革命的一般原理和俄国十月革命城市武装起义的经验,先后遭受1927年大革命失败、1934年第五次反"围剿"失败的严重挫折。正如林伯渠指出的:"我们常说中国、中华民族不会亡,可谁能挽救危亡?怎样才不会亡?我觉得,没有马克思主义或者不善于掌握马克思主义,是没有办法解决这个问题。"①

从革命斗争的这种挫折教训中,以毛泽东同志为主要代表的中国共产党人深刻认识到,面对中国的特殊国情,面对压在中国人民头上的三座大山,中国革命将是长期的过程,不能以教条主义的观点对待马克思列宁主义,必须从中国的实际出发,将马克思主义中国化。中国共产党人创造性地解决了马克思列宁主义基本原理同中国实际相结合的一系列重大理论问题,深刻分析中国社会形态、阶级状况,经过不懈探索,弄清了中国革命的性质、对象、任务、动力,提出通过新民主主义革命走向社会主义革命的两步走战略,制定了新民主主义革命总路线,开辟了以农村包围城市、最后武装夺取全国胜利的革命道路,引导中国革命的航船不断乘风破浪、胜利前行。

中国革命的道路从来都不平坦,它是在探索中前进的,也是在不断纠正各种错误中前进的。

(一)第一个历史决议的起草

中国共产党在幼年时期曾受过"左"倾或右倾思想统治和影响,给党带来极大危害。对此,中国共产党人进行了不懈斗争。1935年遵义会议结束了"左"倾错误思想的统治地位,解决了党内所面临的最迫切的组织问题和军事问题,事实上确立了毛泽东在中共中央和红军的领导地位。从此,中国共产党在以毛泽东同志为代表的马克思主义正确路线领导下,克服重重困难,一步步地引导中国革命走向胜利。然而,遵义会议并没有在思想上进行清算,抗日战争时期王明又犯了右倾错误。党在思

---

① 林伯渠:《在七大开幕礼上的讲话》,载《林伯渠文集》,北京:华艺出版社1996年版,第463页。

想上的团结统一并没有完全解决。第一个历史决议就是在这样的背景下形成的。

决议的起草是逐步提上日程的,它主要由以下关键环节构成。

1. 1937年底,王明回国。回国前,斯大林会见他,谈话中要求中国共产党全力以赴地坚定国民党蒋介石长期抗战的决心。回国后,王明在工作中犯了右倾错误,主要表现是:政治上,过分强调统一战线中的联合,影响独立自主原则的贯彻;军事上,对党领导的游击战争的作用认识不足,不重视开展敌后根据地的斗争;组织上,不尊重、不服从以毛泽东同志为核心的中央领导。这一系列主张给党的领导带来混乱。按此路线发展下去,中国革命势必面临新的危险。

2. 1938年9月29日至11月6日,党的六届六中全会召开。会议由王稼祥传达共产国际指示和季米特洛夫意见:中共一年来建立了抗日民族统一战线,尤其是朱德、毛泽东等领导了八路军,执行了党的新政策,政治路线是正确的;中共在复杂的环境和困难条件下,真正运用了马克思列宁主义;在中共中央领导机关中,要以毛泽东同志为核心解决统一领导问题,中央领导机关要有亲密团结的氛围。当时,中共是共产国际的一个支部,这样的指示至关重要。毛泽东在会上作报告,号召大家要努力学习马克思主义理论,研究民族历史和当前运动的情况与趋势。他强调,今天的中国是历史的中国的一个发展,我们是马克思主义的历史主义者,不应当割断历史。从孔夫子到孙中山,我们应当给以总结,承继这一份珍贵的遗产。他特别提出"使马克思主义在中国具体化"。这些主张是对中国革命最重要的贡献之一。王明表面上承认"党要团结在毛泽东领导之下",但实际上仍然坚持过去的错误。

3. 1940年3月,王明把自己在1931年所写的、集中反映他的"左"倾错误观点的《为中共更加布尔什维克化而斗争》一书,在延安出了第三版,并且在序言中写道:"本书所记载着的事实,是中国共产党发展史中的一个相当重要的阶段,因此,许多人要求了解这些历史事实。"他还指出:"不能把昨日之是,一概看作今日之非;或把今日之非,一概断定不能作为昨日之是。"这表明,王明还在为过去的"左"倾错误作辩护。事实上,不仅王明的"左"倾错误思想根源没有得到应有清算,而且在抗战初期王明所犯的右倾错误在党内也还有一定的影响,并使党的事业遭受不应有的损失。

4. 自1940年下半年开始,毛泽东亲自主持收集文献,编辑《六大以来》。它由中国共产党六大以来主要文献构成。在这个过程中,毛泽东读到许多过去在中央苏区没有看到过的材料,对问题有了更系统的了解和认识,更深刻地感受到"左"倾教条主义对中国革命的严重危害。1940年12月4日,在中共中央政治局会议上,毛泽东第一次比较集中地谈到党的历史上的右倾和"左"倾错误。他强调指出,大革命末期的右的错误和苏维埃后期的许多错误,是由于马列主义没有和实际联系起来。总结过去的经验教训,对于犯了错误和没有犯错误的人都是一种教育。但在这次会议上,仍然有人不同意说苏维埃后期的错误是路线错误。

5. 1941年9月10日到10月22日,中共中央召开政治局扩大会议。会前,根据毛泽东的提议,中共中央先后发出王稼祥起草的《关于增强党性的决定》和毛泽东起草的《关于调查研究的决定》,还把《六大以来》发给大家,要求认真阅读,结合实际进行比较分析。这一系列措施,特别是对《六大以来》的阅读研究,使广大干部加深了对"左"倾教条主义危害的认识,为全党整风以及对历史问题作出决议打下了重要基础。在会议上,许多人以自我批评精神认真检讨了自己历史上所犯的错误,党的领导层对必须反对主观主义和宗派主义这个根本问题取得了共识。会议期间,毛泽东就苏维埃运动后期的错误起草了《关于四中全会以来中央领导路线结论草案》。

6. 1943年9月7日至10月6日,以及11月3日至27日,中央政治局连续召开会议,对十年内战时期和抗战初期王明的错误路线进行严肃批评。许多中央领导人在会上回顾党的历史,并认真进行自我批评。在11月13日会议上,毛泽东系统回顾六届四中全会以来党内斗争的历史后,总结道:"我们的目的是揭发路线错误,又要保护同志,不要离开这个方向。"① 此时,系统总结党的历史经验,从思想路线的高度对党的历次错误根源进行系统清算,并在此基础上统一全党思想的历史条件已经成熟。

7. 1944年2月24日,中共中央书记处会议讨论党的历史问题,统一了五个方面的认识:王明、博古的错误应视为党内问题;临时中央与六届五中全会因有国际承认,应承认是合法的,但必须指出其手续不完备;学习路线时,对历史上的思想问题要弄清楚,对结论必须力求宽大,目前是应该强调团结,以便团结一切同志共同工作;学习路线时,须指出党的六大的基本方针是正确的,六大是起了进步作用的;对六届四中全会到遵义会议期间,也不采取一概否定的态度,凡做得对的也应承认它。这次会议,实际上对党的历史问题作了明确结论。1944年5月10日,中央书记处会议决定成立党内历史问题决议准备委员会,任弼时为召集人。

8. 1944年5月21日,党的六届七中全会召开。这次全会的主要任务,就是在整风基础上全面总结党的历史经验,为七大作准备。起草历

---

① 中央文献研究室编:《毛泽东年谱(1893—1949)(修订本)》中卷,北京:中央文献出版社2013年版,第481页。

史决议是全面总结历史经验最基础、也是最重要的工作。会议进行了11个月,是我们党历史上开的时间最长的一次会议。全会期间多次召开大会讨论党的历史问题和历史决议草案。毛泽东就此指出,"历史决议案上的问题,是关系到多数人的问题还是少数人的问题?我说是关系到多数人的问题,关系到全党和全国人民的问题。所以我们要谦虚谨慎,不要骄傲急躁。"①

1945年4月20日,中共六届七中全会原则上通过了《关于若干历史问题的决议》;8月9日,中共七届一中全会第二次会议一致通过该决议。《决议》总结了党的历史经验,特别是对六届四中全会至遵义会议期间中央的领导路线问题作出正式结论。

(二)第二个历史决议的起草

经过28年浴血奋战,我们党和人民战胜日本帝国主义侵略,推翻了三座大山,夺取了新民主主义革命的胜利,实现了几代中国人梦寐以求的民族独立和人民解放,建立了新中国。

新中国成立后,以毛泽东同志为主要代表的中国共产党人带领人民,在迅速医治创伤、恢复国民经济的基础上,不失时机地提出了过渡时期总路线,创造性地完成了由新民主主义革命向社会主义革命的转变,使中国这个占世界人口四分之一的东方大国进入了社会主义社会,成功实现了中国历史上最深刻最伟大的社会变革。在此基础上,党带领人民对中国现代化建设道路进行了艰辛探索。毛泽东以苏联的经验教训为鉴戒,提出要创造新的理论、写出新的著作,把马克思列宁主义基本原理同中国实际进行"第二次"结合,找出在中国进行社会主义革命和

---

① 《毛泽东文集》第3卷,北京:人民出版社1996年版,第296页。

建设的正确道路,制定把我国建设成为一个强大的社会主义国家的战略思想。1954年,周恩来提出建设强大的现代化的工业、现代化的农业、现代化的交通运输业和现代化的国防的目标。1964年,周恩来提出分两步走全面实现农业、工业、国防和科学技术现代化的构想。在中国共产党领导下,我国各族人民意气风发投身热气腾腾的社会主义建设。在不长的时间里,我国建立起独立的比较完整的工业体系和国民经济体系,成为世界上有影响力的大国。

在社会主义革命和建设时期,我们党在寻找现代化正确道路中也历经艰辛。一开始一边倒照搬苏联模式,发现问题后开始积极探索,也取得了一些成果。后来,由于对国际国内形势的认识逐步发生偏差,指导思想也发生偏差,最后发生了"文化大革命"这样全局性的长时间的严重错误,使党、国家和人民遭受新中国成立以来最严重的挫折和损失,没有找到一条完全符合中国实际的建设社会主义、实现国家现代化的道路。

正如恩格斯指出的,"所谓'社会主义社会'不是一种一成不变的东西,而应当和任何其他社会制度一样,把它看成是经常变化和改革的社会"。① "文化大革命"十年挫折从反面作了最好的说明。

"文化大革命"结束后,"中国向何处去"成为摆在中国人民面前头等重要的问题。邓小平以他的远见卓识、丰富政治经验、高超领导艺术,强调实事求是是毛泽东思想的精髓,旗帜鲜明反对"两个凡是"的错误观点,支持和领导开展真理标准问题的讨论,推进各方面的拨乱反正。在邓小平的指导下,1978年12月召开了党的十一届三中全会,重

---

① 《马克思恩格斯文集》第10卷,北京:人民出版社2009年版,第588页。

新确立了解放思想、实事求是的思想路线,停止使用"以阶级斗争为纲"的错误提法,确定把全党工作的重点转移到社会主义现代化建设上来,作出实行改革开放的重大决策,实现了党的历史上具有深远意义的伟大转折。

在历史性的伟大转折中,不可避免地遇到几个重大原则问题:如何评价毛泽东和毛泽东思想,如何评价"文化大革命",如何评价新中国成立以来中国共产党和中华人民共和国的历史?其中最关键的是如何评价毛泽东和毛泽东思想问题。不解决这些问题,改革开放和现代化建设就无法很好地前进。第二个历史决议就是在此背景下形成的。

第二个历史决议的起草也是一步步提出来并付诸实施的,它主要由以下关键环节构成。

1. 1978年12月13日,邓小平在中央工作会议闭幕会上指出,"文化大革命"已经成为我国社会主义历史发展中的一个阶段,总要总结,但是不必匆忙去做。要对这样一个历史阶段作出科学的评价,需要做认真的研究工作,有些事要经过更长一点的时间才能充分理解和作出评价,那时再来说明这一段历史,可能会比我们今天说得更好。①

2. 1979年春天举行的理论工作务虚会对过去的一系列理论、政策进行了探索和讨论,为中央解决历史问题提供了重要参考。但会议上另一种倾向又开始冒头,出现了借纠正"文化大革命"错误而否定毛泽东、毛泽东思想和社会主义制度的一些言论。

针对这种形势,1979年3月,邓小平发表《坚持四项基本原则》的重要讲话强调,现在一方面,党内有一部分同志还深受林彪、"四人帮"

---

① 《邓小平文选》第2卷,北京:人民出版社1994年版,第149页。

极左思潮的毒害,有极少数人甚至散布流言蜚语,攻击中央在粉碎"四人帮"以来特别是三中全会以来所实行的方针政策违反马列主义毛泽东思想;另一方面,社会上有极少数人正在散布怀疑或反对这四项基本原则的思潮,而党内也有个别同志不但不承认这种思潮的危险,甚至直接间接地加以某种程度的支持。因此,我们要在批判极左思潮的同时,要着重对从右面来怀疑或反对四项基本原则的思潮进行批判。[①]

3. 1979年6月,中共中央决定起草建国30周年国庆讲话。中央认为,对过去30年特别是"文化大革命"十年的历史,应当在适当的时候,经过专门的会议,作出正式的总结。但是,在庆祝建国30周年的时候,有必要给予初步的基本评估。9月29日,叶剑英代表中共中央发表讲话,高度评价了毛泽东等老一辈革命家的不朽功绩,全面回顾建国30年来的战斗历程,初步总结了社会主义革命和社会主义建设的基本经验。讲话获得全党全国的好评。

4. 1979年10月下旬,邓小平就1980年部分重要工作的安排问题,同胡耀邦、姚依林、胡乔木谈话。指出,经中央常委研究,准备为明年五中全会、六中全会和后年十二大做点准备工作。起草建国以来党的历史问题的决议,现在着手,明年六中全会讨论通过。还说,有了国庆讲话,历史决议就好写了。决议起草,由此正式拉开帷幕。

5. 1980年3月19日,邓小平找胡耀邦、胡乔木、邓力群三人谈话,专门谈决议的指导思想问题。强调:第一,确立毛泽东同志的历史地位,坚持和发展毛泽东思想。这是最核心的一条,也是最重要、最根本、最关键的一条;第二,对建国30年来历史上的大事,哪些是正确的,哪些是

[①]《邓小平文选》第2卷,北京:人民出版社1994年版,第165—166页。

错误的,要进行实事求是的分析,包括一些负责同志的功过是非,要做出公正的评价;第三,通过这个决议对过去的事情做个基本总结,争取在决议通过以后,党内、人民中间思想得到明确,认识达到一致,历史上重大问题的议论到此基本结束。这个总结宜粗不宜细。总结过去是为了引导大家团结一致向前看。总的指导思想,就是这三条。其中最重要、最根本、最关键的还是第一条。①邓小平这次谈话提出的三条要求,成为起草小组始终坚持的原则。

6. 1980年10月,《决议》讨论稿提交党内4000名高级干部讨论,实际不止4000名。持续了一个多月。讨论中,关于毛泽东同志和毛泽东思想的评价问题,仍然是热点,争论的焦点,有不少好的意见,但也有不少比较片面甚至极端的贬低或否定毛泽东和毛泽东思想的言论。发现这些倾向后,1980年10月25日,邓小平坚定地表示:"毛泽东思想这个旗帜丢不得。丢掉了这个旗帜,实际上就否定了我们党的光辉历史。""决议稿中阐述毛泽东思想的这一部分不能不要。这不只是个理论问题,尤其是个政治问题,是国际国内的很大的政治问题。如果不写或写不好这个部分,整个决议都不如不做。"②邓小平的谈话,在当时争议最多、分歧最大的问题上,也是最根本、最核心的问题上,表明了党中央坚定的毫不含糊的态度。这是决议取得成功的关键。

7. 至1981年3月,《决议》讨论稿仍然没有解决好如何评价毛泽东和毛泽东思想这一问题。这时,陈云提出了把中国共产党建国前后60年历史联系起来写的意见,使邓小平思考长久的问题得到圆满解决。他

---

① 中央文献研究室编:《邓小平年谱(1975—1997)》上卷,北京:中央文献出版社2004年版,第610页。

② 《邓小平文选》第2卷,北京:人民出版社1994年版,第298—299页。

高兴地说:这个意见很好;60年一写,毛泽东同志的功绩、贡献就会概括得更全面,确立毛泽东同志的历史地位,坚持和发展毛泽东思想,也就有了全面的根据。① 同年4月,按照陈云建议修改的《决议》讨论稿送党内几十位老同志审阅。大家普遍肯定了对毛泽东、毛泽东思想的评价,认为比较恰当。在邓小平的一再坚持下,如何正确评价毛泽东、毛泽东思想这一关键问题得到很好的解决。决议起草进入最后阶段。

8. 1981年6月27日,全会一致通过《关于建国以来党的若干历史问题的决议》,标志着党在指导思想上完成了拨乱反正。十一届六中全会指出,《决议》的通过和发表,对于统一全党、全军、全国各族人民的思想认识,同心同德地为实现主要的历史任务而奋斗,必将产生伟大的深远的影响。6月29日,邓小平在党的十一届六中全会闭幕会上指出,《关于建国以来党的若干历史问题的决议》真正是达到了我们原来的要求。这对我们统一党内的思想,有很重要的作用。相信这个决议能够经得住历史考验。②

二、围绕解决主要问题而展开的丰富内容

(一)第一个历史决议的主要内容

第一个决议共分七个部分。其中,第一、第二部分是为解决主要问题所做的铺垫。

第一部分,是总论,对党成立以来整个历史进行总结概括。指出,中国共产党自1921年成立以来,就以马克思列宁主义的普遍真理和中国

---

① 《邓小平文选》第2卷,北京:人民出版社1994年版,第303页。
② 《邓小平文选》第2卷,北京:人民出版社1994年版,第383页。

革命的具体实践相结合为自己一切工作的指针,毛泽东同志关于中国革命的理论和实践便是此种结合的代表。我们党领导的新民主主义革命的24年分为三个时期:第一次大革命时期、土地革命时期和抗日战争时期。党在斗争过程中取得伟大的成绩和丰富的经验:产生了自己的领袖毛泽东同志,发展了列宁、斯大林关于殖民地、半殖民地问题的学说和斯大林关于中国革命问题的学说;党在斗争中达到了在思想上、政治上、组织上空前的巩固和统一,有了120余万党员,领导了拥有近10000万人民、近100万军队的解放区,成为全国人民抗日战争和解放事业的伟大重心。

第二部分,对第一、第二时期历史进行回顾总结。指出,党在新民主主义革命的第一个时期中,特别是在1924年至1927年,中国人民反帝反封建的大革命得到迅速发展,取得伟大胜利。中国共产党发展了全国工人运动、青年运动、农民运动,推进并帮助国民党改组、国民革命军建立,形成东征、北伐政治上的骨干。但由于帝国主义和国民党反动集团的联合力量过于强大,由于国民党内的反动集团叛变,由于陈独秀右倾投降主义在党的领导机关中占了统治地位,拒绝执行正确意见,革命失败。

在第二个历史时期,即1927年至1937年十年中,在反革命的极端恐怖统治下,全党团结一致地继续高举反帝反封建的大旗,领导进行了政治上、军事上和思想上的伟大战斗,创建了红军,建立了工农兵代表会议政府,建立了革命根据地,分配了土地,抗击了国民党反动政府的进攻和日本帝国主义的侵略。我们党以毛泽东同志为代表,创造性地把马克思、恩格斯、列宁、斯大林的革命学说应用于中国实际的工作,在这十年内有了很大发展。我们党终于在土地革命战争的最后时期,确立了毛泽东同志在中央和全党的领导地位。在这一时期,我们党也犯过一些错误,其中以党的1931年1月六届四中全会到1935年1月扩大的中央政治局会议这个时期内所犯"左"倾错误,最为严重。为了学习中国革命的历史教训,以便"惩前毖后,治病救人",使"前车之覆"成为"后车之鉴",党的六届七中全会认为,对于这十年内若干党内历史问题,尤其是六届四中全会至遵义会议期间中央的领导路线问题,作出正式的结论,是有益的和必要的。

第三、第四、第五部分是重点,主要解决批判"左"倾错误路线、确立毛泽东和毛泽东思想地位的问题。

第三部分,决议回顾总结了1927年至1937年党内发生的"左"、右倾偏向。指出,在此时期,一方面,以陈独秀为代表的一小部分投降主义者,对于革命前途悲观失望,逐渐变成取消主义者。另一方面,小资产阶级的革命急性病"左"倾情绪很快发展。八七会议确定土地革命和武装反抗国民党反动派的总方针,但也助长了冒险主义和命令主义,以及组织上的宗派主义。到了1927年11月党中央扩大会议,就形成了"左"倾盲动主义路线,并使"左"倾路线第一次在党中央的领导机关内取得统治地位。但这一错误一开始就引起毛泽东等的批评,到1928年4月基本结束。

党的六大肯定中国社会是半殖民地半封建社会,引起现代中国革命的基本矛盾一个也没有解决,现阶段的革命依然是资产阶级民主革命,并发布了民主革命十大纲领,当时政治形势是在两个革命高潮之间,党的总任务不是进攻,而是争取群众。会议批判了陈独秀右倾机会主义和"左"倾盲动主义。大会也存在不足,"左"倾错误未能得到根本肃清,但成绩是主要的。党在这次大会以后一个时期的工作是有成绩的。毛泽东同志在实践和理论上发展了第六次大会正确的方面。1930年6月开始,第二次"左"倾路线统治中央领导机关,定出组织全国中心城市武装起义和集中进攻中心城市的冒险计划,立三路线在反右倾口号下错误打击党内持不同意见干部,发展了宗派主义。所幸立三路线在党内统治时间很短(不到四个月)。其间,毛泽东同志纠正了红一方面军的"左"倾错误,粉碎了敌人的第一次"围剿"。党的六届三中全会纠正了立三路线,但对其思想实质没有加以清算。

以1931年1月党的六届四中全会召开为标志,开始了以王明为代表的新的"左"倾路线在中央领导机关内的统治。新的"左"倾路线在中国社会性质、阶级关系问题上,夸大中国现阶段革命中反资产阶级斗争、反富农斗争和"社会主义革命成分"的意义;在革命形势和党的任务问题上,继续强调全国性的"革命高潮"和党在全国范围的"进攻路线";在组织上继续发展宗派主义,一方面提拔了那些"左"的教条主义和宗派主义同志到中央的领导岗位上,另一方面过分地打击了犯立三路线错误的同志,等等。1933年初,中央迁入江西南部根据地,更使错误路线得以在中央所在根据地和邻近各根据地进一步发展。六届五中全会标志着第三次"左"倾错误发展到顶点。第三次"左"倾错误在革命根据地的最大恶果,就是中央所在地区第五次反"围剿"的失败和红军主力退出中央所在地区。党在其他绝大多数革命根据地和广大白区的工作,也同样由于"左"倾路线的错误而陷于失败。遵义会议集中全力纠正了当时具有决定意义的军事上和组织上的错误,开始了以毛泽东同志为核心的中央的新的领导。

遵义会议后,党中央在毛泽东同志领导下的政治路线是完全正确的。"左"倾路线在政治上、军事上、组织上都逐渐被克服。1942年以来,毛泽东同志领导的全党反对主观主义、宗派主义、党八股的整风运动和党史学习,更从思想根源上纠正了党的历史上历次"左"倾以及右倾错误。过去犯过"左"、右倾错误的同志,在长期体验中,绝大多数都有了很大的进步,做过许多有益于党和人民的工作。这些同志和其他同志一起,在共同的政治认识上互相团结起来。扩大的六届七中全会欣幸地指出,我党经过了自己的各种成功和挫折,终于在毛泽东同志领导下,在思想上、政治上、组织上、军事上,第一次达到了现在这样高度的巩固和统一。这是快要胜利了的党,这是任何力量也不能战胜了的党。

第四部分,从政治上、军事上、组织上、思想上四个方面对"左"倾错误进行分析。它首先阐述了以毛泽东同志为代表的正确路线的内容,而把错误路线放在与毛泽东同志的正确路线相比较的过程中来展开叙述。

第五部分,分析"左"倾路线产生的小资产阶级社会根源。分析了小资产阶级的构成、革命特点、党应该采取的政策。分析小资产阶级思想的三个方面:思想方法方面,表现为观察问题时主观性和片面性;政治倾向方面,表现为左右摇摆;组织生活方面,表现为脱离群众的个人主义和宗派主义。

第六、第七部分是结尾,明确政策和策略。

第六部分,强调克服"左"倾思想或右倾思想,既不能草率从事,也不能操切从事,而必须深入马克思列宁主义的教育,提高全党对于无产阶级思想和小资产阶级思想的鉴别能力,并在党内发扬民主,展开批评和自我批评,进行耐心说服和教育工作。

第七部分,结束语。回顾历史、展望未来。强调,24年来中国革命的实践证明了,并且还在证明着,毛泽东同志所代表的我们党和全国广大人民的奋斗方向是完全正确的。马克思列宁主义、毛泽东思想更普遍地更深入地为干部、党员和人民群众所掌握的结果,必将给党和中国革命带来伟大的进步和不可战胜的力量。在以毛泽东同志为首的中央的正确领导下,中国革命必将达到彻底的胜利。

(二)第二个历史决议的主要内容

第二个决议共分八个部分。其中,第一、第二、第三、第四部分是为了解决主要问题所做的铺垫。

第一部分,"建国以前28年历史的回顾"。指出,只有中国共产党才给人民指出了中国的出路在于彻底推翻帝国主义、封建主义的反动统治,并进而转入社会主义。在1927年至1949年的22年中,如果没有毛泽东同志多次从危机中挽救中国革命,如果没有以他为首的党中央给全党、全国各族人民和人民军队指明坚定正确的政治方向,我们党和人民可能还要在黑暗中摸索更长时间。同中国共产党被公认为全国各族人民的领导核心一样,毛泽东同志被公认为中国共产党和中国各族人民的伟大领袖,在党和人民集体奋斗中产生的毛泽东思想被公认为党的指导思想,这是中华人民共和国成立以前28年历史发展的必然结果。

第二部分,"建国32年历史的基本估计"。从政治、经济、文化、国防、外交等十个方面概括了建国32年取得的成就。强调32年来我们取得的成就是主要的,忽视或否认我们的成就,忽视或否认我们取得这些成就的成功经验,同样是严重的错误。

第三部分,"基本完成社会主义改造的七年"。强调,从1949年10月到1956年,我们党领导全国各族人民有步骤地实现从新民主主义到社会主义的转变,迅速恢复了国民经济并开展了有计划的经济建设,在全国绝大部分地区基本上完成了对生产资料私有制的社会主义改造。在这个历史阶段中,党确定的指导方针和基本政策是正确的,取得的胜利是辉煌的。

第四部分,"开始全面建设社会主义的十年"。指出,直到"文化大革命"前夕的十年中,我们虽然遭到过严重挫折,仍然取得了很大的成就。党在这十年中积累了领导社会主义建设的重要经验。总之,我们现在赖以进行现代化建设的物质技术基础,很大一部分是这个期间建设起来的;全国经济文化建设等方面的骨干力量和他们的工作经验,大部分也是在这个期间培养和积累起来的。这十年中的一切成就,是在以毛泽东同志为首的党中央集体领导下取得的。这个期间工作中的错误,责任同样也在党中央的领导集体。毛泽东同志负有主要责任,但也不能把所有错误归咎于毛泽东同志个人。这个期间,毛泽东同志关于社会主义社会阶级斗争的理论和实践上的错误发展得越来越严重,他的个人专断作风逐步损害了党的民主集中制,个人崇拜现象逐步发展。党中央未能及时纠正这些错误。林彪、江青、康生这些野心家又别有用心地利用和助长了这些错误。这就导致了"文化大革命"的发动。

第五、第六、第七、第八部分是重点,主要解决确立毛泽东同志的历史地位、坚持和发展毛泽东思想的问题。同时,客观分析和评价"文化大革命"和毛泽东同志晚年错误。

第五部分,"'文化大革命'的十年"。指出,1966年5月至1976年10月的"文化大革命",使党、国家和人民遭受新中国成立以来最严重的挫折和损失。它是毛泽东同志发动和领导的。毛泽东同志发动"文化大革命"的错误论点,明显偏离了作为马克思列宁主义普遍原理和中国革命具体实践相结合的毛泽东思想的轨道,必须把它同毛泽东思想完全区别开来。对于"文化大革命"这一全局性的、长时间的"左"倾严重错误,毛泽东同志负有主要责任。但是,毛泽东同志的错误终究是一个伟大的无产阶级革命家所犯的错误。党和人民在"文化大革命"中同"左"倾错误和林彪、江青反革命集团的斗争是艰难曲折的,是一直没有停止的。"文化大革命"之所以会发生并且持续十年之久,除了前面所分析的毛泽东同志领导上的错误这个直接原因以外,还有复杂的社会历史原因。主要在于:社会主义运动的历史不长,社会主义国家的历史更短,社会主义社会的发展规律有些已经比较清楚,更多的还有待于继续探索;党在面临工作重心转向社会主义建设这一新任务因而需要特别谨慎的时候,毛泽东同志的威望也达到高峰,他逐渐骄傲起来,逐渐脱离实际和脱离群众,主观主义和个人专断作风日益严重,日益凌驾于党中央之上,使党和国家政治生活中的集体领导原则和民主集中制不断受到削弱以至破坏,也就使党和国家难于防止和制止"文化大革命"的发动和发展。

第六部分,"历史的伟大转折"。指出,1976年10月粉碎"四人帮"到十一届三中全会两年,党的工作在徘徊中前进。1978年12月召开的十一届三中全会,是新中国成立以来我党历史上具有深远意义的伟大转折。全会结束了1976年10月以来党的工作在徘徊中前进的局面,作出把工作重点转移到社会主义现代化建设上来的战略决策,重新确立了马克思主义的思想路线、政治路线和组织路线,使我们的国家在经济上和政治上都出现了很好的形势。毛泽东思想的科学原理和党的正确政策在新的历史条件下得到了恢复和发展,党和国家各项事业重新蒸蒸日上。

第七部分,"毛泽东同志的历史地位和毛泽东思想"。指出,毛泽东同志是伟大的马克思列宁主义者,是伟大的无产阶级革命家、战略家和理论家。他虽然在"文化大革命"中犯了严重错误,但就他的一生来看,他对中国革命的功绩远远大于他的过失。他的功绩是第一位的,错误是第二位的。

以毛泽东同志为主要代表的中国共产党人,根据马克思列宁主义的基本原理,把中国长期革命实践中的一系列独创性经验作了理论概括,形成了适合中国情况的科学的指导思想,这就是马克思列宁主义普遍原理和中国革命具体实践相结合的产物——毛泽东思想。毛泽东思想在以下几个方面以独创性的理论丰富和发展了马克思列宁主义:

关于新民主主义革命、关于社会主义革命和社会主义建设、关于革命军队的建设和军事战略、关于政策和策略、关于思想政治工作和文化工作、关于党的建设。毛泽东思想的活的灵魂，是贯穿于上述各个组成部分的立场、观点和方法，它们有三个基本方面：即实事求是、群众路线、独立自主。

毛泽东思想是我们党的宝贵的精神财富，它将长期指导我们的行动。因为毛泽东同志晚年犯了错误，就企图否认毛泽东思想的科学价值，否认毛泽东思想对我国革命和建设的指导作用，这种态度是完全错误的。对毛泽东同志的言论采取教条主义态度，认为毛泽东同志说过的话都是不可移易的真理，只能照抄照搬，甚至不愿实事求是地承认毛泽东同志晚年犯了错误，并且还企图在新的实践中坚持这些错误，这种态度也是完全错误的。

我们必须珍视半个多世纪以来在中国革命和建设过程中把马克思列宁主义普遍原理和中国实际相结合的一切积极成果，在新的实践中运用和发展这些成果，以符合实际的新原理和新结论丰富和发展我们党的理论，保证我们的事业沿着马克思列宁主义、毛泽东思想的科学轨道继续前进。

第八部分，"团结起来，为建设社会主义现代化强国而奋斗"。指出，我们党在新的历史时期的奋斗目标，就是要把我们的国家逐步建设成为具有现代农业、现代工业、现代国防和现代科学技术的、具有高度民主和高度文明的社会主义强国。强调，三中全会以来，我们党已经逐步确立了一条适合我国情况的社会主义现代化建设的正确道路。它的主要点是：党和国家工作的重点必须转移到以经济建设为中心的社会主义现代化建设上来、社会主义经济建设必须从我国国情出发、社会主义生产关系的变革和完善必须适应于生产力的状况、阶级斗争已经不是主要矛盾、逐步建设高度民主的社会主义制度是社会主义革命的根本任务之一、社会主义必须有高度的精神文明、巩固和发展社会主义的民族关系具有重大意义、必须加强现代化的国防建设、必须维护世界和平、必须把我们党建设成为具有健全的民主集中制的党。

（三）促进中国革命和建设不断从胜利走向新的更大胜利

在伟大转折关头，我们党作出决策、形成两个历史决议，准备充分、方法得当，既弄清思想、又团结同志，既解决历史问题、又为解决现实问题提供启示，在中国革命和建设发展过程中发挥了至关重要的作用。

关于第一个历史决议。

1.《决议》总结建党以来，特别是六届四中全会至遵义会议前这一段时期党的历史及其基本经验教训，高度评价了毛泽东运用马克思列宁主义基本原理解决中国革命问题的杰出贡献，肯定了确立毛泽东同志在全党领导地位的重大意义。

2.全面详尽地阐述了历次"左"倾错误在政治、军事、组织、思想方面的表现和造成的严重危害，并着重分析了产生这些错误的社会根源和思想根源，分清了是非。

3.在总结开展党内思想斗争的经验时，强调要坚持"惩前毖后，治病救人""既要弄清思想，又要团结同志"的方针。提出，全党今后的任务，就是"在马克思列宁主义思想一致的基础上，团结全党同志如同一个和睦的家庭一样，如同一块坚固的钢铁一样，为着获得抗日的彻底胜利和中国人民的完全解放而奋斗"。

《关于若干历史问题的决议》对以毛泽东同志为主要代表的正确路线进行了阐述，实际上是对毛泽东思想的初步概括。党的六届七中全会通过《关于若干历史问题的决议》之后，召开了党的七大。六中全会解决了历史问题，七大集中精力解决新问题。"既放下了包袱，又开动了机器,既是轻装,又会思索。"① 自1945年党的七大召开以后的十多年间,在毛泽东思想的旗帜引领下,中国共产党领导人民夺取了中国革命和社会主义建设的辉煌胜利。正如邓小平所说的,1945年在毛泽东同志主持下召开的党的第七次全国代表大会,是建党以后民主革命时期我们党最重要的一次代表大会。大会总结了我国民主革命20多年曲折发展的历史经验,制定了正确的纲领和策略,克服了党内的错误思想,使全党的认识在马克思列宁主义、毛泽东思想的基础上统一起来,达到了全党的空前团结。这次代表大会为新民主主义革命在全国的胜利奠定了基础。

关于第二个历史决议。

1.《决议》既对多年来的"左"倾错误和毛泽东晚年错误作了科学分析和深刻批评,又坚决维护了党在长期斗争中形成的优良传统,维护了毛泽东的历史地位和毛泽东思想的科学体系,从而分清了是非,纠正了当时存在的"左"和右的错误观点,统一了全党全国人民的思想,为维护全党的团结和全国人民的团结,为社会主义建设事业的健康发展,提供了根本保证。

2.《决议》总结新中国成立以来正反两方面经验,总结改革开放和社会主义现代化建设的新鲜经验,对党的十一届三中全会开创的新道路的主要点所作的初步概括,为党和国家事业发展指明了方向。

3. 在"文化大革命"结束后不长时间内,就能产生这个《决议》,正确解决了既科学评价毛泽东的历史地位和毛泽东思想的科学体系,又根据新的实际和发展要求确立中国社会主义现代化建设正确道路这样两

---

① 《毛泽东选集》第3卷,北京:人民出版社1991年版,第949页。

个相互联系的重大历史课题,充分体现了党中央的远见卓识和政治上的成熟。

《关于建国以来党的若干历史问题的决议》对十一届三中全会以来党已经确立的适合我国情况的社会主义现代化建设正确道路的主要点作了十个方面的概括,实质上初步回答了在中国建设什么样的社会主义和怎样建设社会主义的问题,也是对中国特色社会主义理论体系的初步概括。《决议》对于统一全党全国各族人民的思想认识,同心同德为实现新的历史任务而奋斗,产生了深远影响。党的十一届六中全会通过《关于建国以来党的若干历史问题的决议》之后,1982年召开了党的第十二次代表大会。党的十二大以提出建设有中国特色社会主义的重大命题而载入史册。以此次会议召开为标志,改革开放和社会主义现代化建设全面展开。

邓小平这样评价党的十二大:"正如七大以前,民主革命20多年的曲折发展,教育全党掌握了我国民主革命的规律一样,八大以后社会主义革命和建设20多年的曲折发展也深刻地教育了全党。从十一届三中全会以来,我们党在经济、政治、文化等各方面的工作中恢复了正确政策,并且研究新情况、新经验,制定了一系列新的正确的政策。和八大的时候比较,现在我们党对我国社会主义建设规律的认识深刻得多了,经验丰富得多了,贯彻执行我们的正确方针的自觉性和坚定性大大加强了。我们有充分的根据相信,这次代表大会制定的正确的纲领,一定能够全面开创社会主义现代化建设的新局面,使我们党兴旺发达,使我们的社会主义事业兴旺发达,使我们的国家和各民族兴旺发达。"①

---

① 《邓小平文选》第3卷,北京:人民出版社1991年版,第2页。

正如邓小平所揭示的那样，我们党和国家的历史进入改革开放和社会主义现代化建设新时期以后，无论国际形势风云如何变幻，国内改革发展任务多么艰巨繁重，我们党团结带领人民始终高举中国特色社会主义伟大旗帜不动摇，推动党和国家各项事业不断取得新的伟大胜利，我们伟大的祖国一天天走向繁荣富强。

党的十八大以来，以习近平同志为主要代表的中国共产党人，团结带领全党全国各族人民统揽伟大斗争、伟大工程、伟大事业、伟大梦想，创立习近平新时代中国特色社会主义思想，统筹推进"五位一体"总体布局，协调推进"四个全面"战略布局，解决了许多长期想解决而没有解决的难题，办成了许多过去想办而没有办成的大事，推进党和国家事业发生历史性变革、取得历史性成就，近代以来久经磨难的中华民族迎来了从站起来、富起来到强起来的伟大飞跃，迎来了中华民族伟大复兴的光明前景。

中国的发展不仅促进了自身繁荣富强，也为广大发展中国家走向现代化提供了成功经验、展现了光明前景，是促进世界和平与发展的强大力量，是中华民族对人类文明进步作出的重大贡献。

然而，社会主义从来都是在开拓中前进的。马克思主义也必定随着时代、实践和科学的发展而不断发展，不可能一成不变。我们党对社会主义的认识，对中国特色社会主义规律的把握，已经达到了一个前所未有的新的高度。但是，我国社会主义还处在初级阶段，我们还面临很多没有弄清楚的问题和待解的难题，对社会主义的认识和把握还非常有限，还需要在实践中不断深化和发展。

无论征程有多漫长、道路有多坎坷，中国人民对建设社会主义现代化强国、实现中华民族伟大复兴的光明前景始终充满坚定信心。这是因为中国人民有了对马克思主义的信仰，因为有了对中国特色社会主义的信念，同时也因为我们始终立足于自己的历史，高度重视历史经验的总结与学习教育。历史是我们党安身立命的基础和前进的基础。正因为如此，习近平强调指出："站立在九百六十多万平方公里的广袤土地上，吸吮着五千多年中华民族漫长奋斗积累的文化养分，拥有十三亿多中国人民聚合的磅礴之力，我们走中国特色社会主义道路，具有无比广阔的时代舞台，具有无比深厚的历史底蕴，具有无比强大的前进定力。"[①]

由上可见，我们党在抗日战争即将胜利和改革开放初期伟大转折关头，分别对建党以来和新中国成立以来的历史进行总结，纠正错误、肯定成绩、明确方向，统一思想、统一意志、统一行动，促进了革命和建设事业取得新的伟大胜利。以习近平同志为核心的党中央号召全党持续开展党史学习教育常态化、长效化，意义重大、寓意深远。在学习教育活动一开始，习近平同志就强调，要坚持以我们党关于历史问题的两个决议和党中央有关精神为依据。在学习中，做到学史明理、学史增信、学史崇德、学史力行，做到学党史、悟思想、办实事、开新局。按照这样的要求，立足实际、守正创新，高标准高质量完成学习教育各项任务，就一定能够在推进党的自我革命、永葆党的生机活力，坚定信仰信念、在新时代坚持和发展中国特色社会主义中发挥应有作用，也必将促进中华民族伟大复兴历史伟业取得新的更大胜利。

[①] 习近平：《决胜全面建成小康社会，夺取新时代中国特色社会主义伟大胜利》，载中央党史和文献研究院编：《十九大以来重要文献选编》上卷，北京：中央文献出版社2019年版，第49页。

党的三个历史决议与
站起来、富起来、强起来的逻辑理路

中国共产党带领人民经过一百年的奋斗,中华民族迎来了从站起来、富起来到强起来的伟大飞跃,实现中华民族伟大复兴进入不可逆转的历史进程。我们党历来高度重视党史学习教育。毛泽东同志强调:"如果不把党的历史搞清楚,不把党在历史上所走的路搞清楚,便不能把事情办得更好。"[①] 邓小平同志强调:"每个党、每个国家都有自己的历史,只有采取客观的实事求是的态度来分析和总结,才有好处。"[②] 习近平同志则强调:"我们要用历史映照现实、远观未来,从中国共产党的百年奋

[①]《毛泽东文集》第2卷,北京:人民出版社1993年版,第399页。
[②]《邓小平文选》第3卷,北京:人民出版社1993年版,第272页。

斗中看清楚过去我们为什么能够成功、弄明白未来我们怎样才能继续成功,从而在新的征程上更加坚定、更加自觉地牢记初心使命、开创美好未来。"① 在这一百年的奋斗中,我们党先后形成三个关于历史问题的决议。这三个历史决议与站起来、富起来到强起来,与实现中华民族伟大复兴有着非常密切的关系。

一、第一个历史决议与"站起来"

鸦片战争以后,争取民族独立、人民解放,实现国家富强、人民幸福,成为中国人民必须完成的历史任务。中国共产党自1921年成立以来,始终把为中国人民谋幸福、为中华民族谋复兴作为自己的初心使命,始终坚持共产主义理想和社会主义信念,团结带领全国各族人民为争取民族独立、人民解放和实现国家富强、人民幸福而不懈奋斗,已经走过一百年光辉历程。

在新民主主义革命时期,我们党面临的主要任务是,反对帝国主义、封建主义、官僚资本主义,争取民族独立、人民解放,为实现中华民族伟大复兴创造根本社会条件。

中国具有悠久的历史,5000年的中华文明从未中断,对人类文明作出了杰出贡献。1840年鸦片战争以后,由于西方列强入侵和封建王朝腐朽,近代中国变得积贫积弱,民族内忧外患交织,人民生灵涂炭。几乎所有发达的资本主义国家都侵略过中国,随着战争而来的是不平等条约、割地赔款,等等。旧上海租界的公园门口立着"华人与狗不得入内"

---

① 习近平:《在庆祝中国共产党成立100周年大会上的讲话》,北京:人民出版社2021年版,第10页。

的牌示是中国人民屈辱历史的生动写照。人民群众政治经济地位低下,缺少生产资料,农村近70%的土地掌握在地主手里。正如毛泽东指出的:"国家的情况一天一天坏,环境迫使人们活不下去。"① 鲁迅也指出:"中国又一天天沉入黑暗里。"列宁领导俄国十月革命的成功,使先进的中国人看到了希望、找到了救国救民的道路,"走俄国人的路——这就是结论"②。1921年中国共产党成立后,中国人民开始从精神上由被动转为主动,中华民族开始艰难但不可逆转地走向伟大复兴。

在中国这样一个历史悠久、对人类文明作出过重要贡献的国家,无论搞革命、建设、改革,还是建设社会主义现代化国家,马克思主义的书本上没有现成的答案,别的国家也没有可供照抄的样板。年轻的中国共产党人对这一点并不是很清楚,陈独秀所犯右倾机会主义和王明所犯"左"倾教条主义错误,给中国革命造成严重损失,使党付出惨重代价。据1927年11月统计,党员数量由大革命高潮时期的近6万人急剧减少到1万多人。从1927年3月到1928年上半年,被杀害的共产党员和革命群众达31万多人,其中共产党员有2.6万人。王明"左"倾错误造成的失败使革命根据地和白区的革命力量都受到极大损失,红军从30万人减少到3万人左右,共产党员从30万人减少到4万人左右。中国革命处在何去何从的重大转折关头。

1935年1月,中央政治局在长征途中举行遵义会议,事实上确立了毛泽东同志在党中央和红军中的领导地位,开始确立以毛泽东同志为主要代表的马克思主义正确路线在党中央的领导地位,开始形成以毛泽东

---

① 《毛泽东选集》第4卷,北京:人民出版社1991年版,第1470页。
② 《毛泽东选集》第4卷,北京:人民出版社1991年版,第1471页。

同志为核心的党的第一代中央领导集体,开启了党独立自主解决中国革命实际问题的新阶段,在最危急的关头挽救了党、挽救了红军、挽救了中国革命,并且在这以后使党能够战胜张国焘的分裂主义,胜利完成长征,打开中国革命新局面。这在党的历史上是一个生死攸关的转折点。遵义会议后,"左"倾错误虽然结束了在政治和军事上的统治,但在思想上并没有得到彻底清算,特别是没有从思想方法的高度对造成过去党内历次"左"右倾错误的根源进行深刻总结,所以,党内在指导思想上仍然存在一些分歧。这些分歧,在一定时期内,在局部地区或某些方面继续给革命事业带来损失。特别是抗日战争时期,曾经犯过"左"倾错误的王明转而又犯了右倾错误,并且在为过去的"左"倾错误进行辩护,继续给革命事业发展带来新的严重干扰和威胁。

基于这种复杂情况,一方面,毛泽东同志领导进行了一系列理论和实践探索,撰写一系列光辉著作。党创造性地解决了马克思列宁主义基本原理同中国实际相结合的一系列重大问题,深刻分析了中国社会形态和阶级状况,弄清了中国革命的性质、对象、任务、动力,提出了通过新民主主义革命走向社会主义的两步走战略,制定了新民主主义革命的总路线,开辟了以农村包围城市、最后夺取全国胜利的革命道路。在革命斗争中,党坚持理论联系实际、密切联系群众、批评和自我批评三大优良作风,形成统一战线、武装斗争、党的建设三大法宝,努力建设全国范围的、广大群众性的、思想上政治上组织上完全巩固的马克思主义政党。

另一方面,党领导开展了全党整风运动。在整风运动中,党的高级干部进一步讨论和总结党的历史。中共中央分别召开一系列地区工作与历史座谈会,使干部从切身的实际经验中,更好地认识了党的历史上的路线是非问题,提高了马克思主义思想认识水平。在深入总结历史经验的基础上,1944年5月,党召开扩大的六届七中全会。经过充分讨论和反复修改，集中全党智慧，于1945年4月20日通过《关于若干历史问题的决议》。这是我们党历史上第一个关于历史问题的决议。

这个《决议》共分七个部分，第三、第四、第五部分是重点，主要解决批判"左"倾错误路线、确立毛泽东和毛泽东思想地位的问题。[①]决议的历史地位和作用，主要表现在以下方面：第一，决议全面详尽地阐述了历次"左"倾错误在政治、军事、组织、思想方面的表现和造成的严重危害，并着重分析产生这些错误的社会根源和思想根源，从而分清了是非。第二，决议总结建党以来，特别是六届四中全会至遵义会议前这一段时期党的历史及其基本经验教训，高度评价了毛泽东同志运用马克思列宁主义基本原理解决中国革命问题的杰出贡献，肯定了确立毛泽东同志在全党领导地位的重大意义，实际上对毛泽东思想作了初步概括。第三，决议提出全党今后的任务，就是"在马克思列宁主义思想一致的基础上，团结全党同志如同一个和睦的家庭一样，如同一块坚固的钢铁一样，为着获得抗日战争的彻底胜利和中国人民的完全解放而奋斗"[②]。

党的六届七中全会通过《关于若干历史问题的决议》之后，召开了党的七大。六届七中全会解决了历史问题，七大则集中精力解决新的问题。"既放下了包袱，又开动了机器，既是轻装，又会思索"[③]。党的七大为建立新民主主义的新中国制定了正确路线方针政策，使全党在思想上政治上组织上达到空前统一和团结。自1945年党的七大召开以后的十多年间，在毛泽东思想旗帜的引领下，中国共产党领导人民夺取了中国

---

① 中央党史研究室编：《两个历史问题的决议及十一届三中全会以来党对历史的回顾》（简明注释本），北京：中共党史出版社2013年版。

② 《毛泽东选集》第3卷，北京：人民出版社1991年版，第955页。

③ 《毛泽东选集》第3卷，北京：人民出版社1991年版，第949页。

革命和社会主义建设的辉煌胜利。正如1982年邓小平在党的十二大上所说的,1945年在毛泽东同志主持下召开的党的第七次全国代表大会,是建党以后民主革命时期我们党最重要的一次代表大会。大会总结了我国民主革命二十多年曲折发展的历史经验,制定了正确的纲领和策略,克服了党内的错误思想,使全党的认识在马克思列宁主义、毛泽东思想的基础上统一起来,达到了全党的空前团结。那次代表大会为新民主主义革命在全国的胜利奠定了坚实基础。①

经过二十八年浴血奋斗,党领导人民,在各民主党派和无党派民主人士积极合作下,于1949年10月1日宣告成立中华人民共和国,实现民族独立、人民解放,彻底结束了旧中国半殖民地半封建社会的历史,彻底结束了极少数剥削者统治广大劳动人民的历史,彻底结束了旧中国一盘散沙的局面,彻底废除了西方列强强加给中国的不平等条约和帝国主义在中国的一切特权,实现了中国从几千年封建专制政治向人民民主的伟大飞跃,也极大地改变了世界政治格局,鼓舞了全世界被压迫民族和被压迫人民争取解放的斗争。实践充分说明,历史和人民选择了中国共产党,没有中国共产党领导,民族独立、人民解放是不可能实现的。中国共产党和中国人民以英勇顽强的奋斗向世界庄严宣告,中国人民从此站起来了,中华民族任人宰割、饱受欺凌的时代一去不复返了,中国发展从此开启了新纪元。

二、第二个历史决议与"富起来"

新中国成立后,我们党面临的主要任务是,实现从新民主主义到社

---

① 《邓小平文选》第3卷,北京:人民出版社1993年版,第1—2页。

会主义的转变,进行社会主义革命,推进社会主义建设,为实现中华民族伟大复兴奠定根本政治前提和制度基础。但是,如同推进新民主主义革命一样,在中国这样一穷二白的国家带领人民建设社会主义仍然需要将马克思主义基本原理同中国国情相结合,继续进行探索,找到建设社会主义的正确道路。

新中国成立后,党带领人民进行了社会主义改造、建立起社会主义制度,开展了社会主义建设。对社会主义道路的探索也取得积极进展,例如党的八大前后进行的探索成果很多。遗憾的是,党的八大形成的正确路线未能完全坚持下去,先后出现"大跃进"运动、人民公社化运动等错误,反右派斗争也被严重扩大化。面对当时严峻复杂的外部环境,党极为关注社会主义政权的巩固,为此进行了多方面努力。然而,毛泽东同志在关于社会主义社会阶级斗争的理论和实践上的错误发展得越来越严重,党中央未能及时纠正这些错误。毛泽东同志对当时我国阶级斗争形势以及党和国家政治状况作出了错误的估计,发动和领导了"文化大革命",林彪、江青两个反革命集团利用毛泽东同志的错误,进行了大量祸国殃民的罪恶活动,酿成十年内乱,使党、国家、人民遭到新中国成立以来最严重的挫折和损失,教训极其惨痛。1976年10月,中央政治局执行党和人民的意志,毅然粉碎了"四人帮",结束了"文化大革命"这场灾难。

从新中国成立到改革开放前夕,党领导人民完成社会主义革命,消灭一切剥削制度,实现了中华民族有史以来最为广泛而深刻的社会变革,实现了一穷二白、人口众多的东方大国大步迈进社会主义社会的伟大飞跃。在探索过程中,虽然经历了严重曲折,但党在社会主义革命和建设中取得的独创性理论成果和巨大成就,为在新的历史时期开创中国特色社会主义提供了宝贵经验、理论准备和物质基础。中国共产党和中国人民以英勇顽强的奋斗向世界庄严宣告,中国人民不但善于破坏一个旧世界、也善于建设一个新世界,只有社会主义才能救中国,只有社会主义才能发展中国。

在改革开放和社会主义现代化建设新时期,我们党面临的主要任务是,继续探索中国建设社会主义的正确道路,解放和发展社会生产力,使人民摆脱贫困、尽快富裕起来,为实现中华民族伟大复兴提供充满新的活力的体制保证和快速发展的物质条件。

"文化大革命"结束以后,在党和国家处于何去何从的重大历史关头,党深刻认识到,只有实行改革开放才是唯一出路,否则我们的现代化事业和社会主义事业就会被葬送。1978年12月,党召开十一届三中全会,果断结束"以阶级斗争为纲",实现党和国家工作中心的战略转移,开启了改革开放和社会主义现代化建设新时期,实现了新中国成立以来党的历史上具有深远意义的伟大转折。在此前后,党作出彻底否定"文化大革命"的重大决策。四十多年来,党始终不渝坚持这次全会确立的路线方针政策。

为了推进改革开放,党重新确立马克思主义的思想路线、政治路线、组织路线,彻底否定"两个凡是"的错误方针,正确评价毛泽东同志的历史地位和毛泽东思想的科学体系。党明确我国社会的主要矛盾是人民日益增长的物质文化需要同落后的社会生产之间的矛盾,解决这个主要矛盾就是我们的中心任务,并实事求是地提出小康社会目标。党在各方面工作中恢复并制定一系列正确政策,调整国民经济。党领导全面开展思想、政治、组织等领域拨乱反正,大规模平反冤假错案和调整社会关系。

在这个伟大转折中,不可避免地遇到几个重大原则问题:如何评价毛泽东和毛泽东思想,如何评价"文化大革命",如何评价新中国成立以来中国共产党和中华人民共和国的历史？其中最关键的是如何评价毛泽东和毛泽东思想。不解决这些问题，改革开放和现代化建设就无法很好地前进。在这样的形势下，邓小平主持起草了《关于建国以来党的若干历史问题的决议》。这是我们党历史上的第二个历史决议。《决议》于1981年6月27日在党的十一届六中全会上审议通过。《决议》共分八个部分，第五至第八部分是重点，主要解决确立毛泽东同志的历史地位、坚持和发展毛泽东思想的问题。同时，客观分析和评价"文化大革命"和毛泽东同志晚年错误。

第二个历史决议的历史地位和作用主要表现在以下方面：第一，决议既对多年来的"左"倾错误和毛泽东晚年错误作了科学分析和深刻批评，又坚决维护了党在长期斗争中形成的优良传统，维护了毛泽东的历史地位和毛泽东思想的科学体系，从而分清了是非。第二，决议总结新中国成立以来正反两方面经验，总结改革开放和社会主义现代化建设的新鲜经验，对党的十一届三中全会开创的新道路的主要点所作的初步概括，为党和国家事业进一步发展指明了方向。第三，决议正确解决了既科学评价毛泽东的历史地位和毛泽东思想的科学体系，又根据新的实际和发展要求确立中国社会主义现代化建设正确道路这样两个相互联系的重大历史课题，纠正了当时存在的"左"和右的错误观点，统一了全党全国人民的思想，为维护全党和全国人民的团结，为社会主义建设事业的健康发展提供了根本保证。

党的十一届六中全会通过《关于建国以来党的若干历史问题的决议》之后，1982年召开了党的第十二次代表大会。党的十二大以提出建设有中国特色社会主义的重大命题而载入史册。以此次会议召开为标志，改革开放和社会主义现代化建设全面展开。1982年邓小平这样评价党的十二大："正如七大以前，民主革命二十多年的曲折发展，教育全党掌握了我国民主革命的规律一样,八大以后社会主义革命和建设二十多年的曲折发展也深刻地教育了全党。从十一届三中全会以来,我们党在经济、政治、文化等各方面的工作中恢复了正确的政策,并且研究新情况、新经验,制定了一系列新的正确政策。和八大的时候比较,现在我们党对我国社会主义建设规律的认识深刻得多了,经验丰富得多了,贯彻执行我们的正确方针的自觉性和坚定性大大加强了。我们有充分的根据相信,这次代表大会制定的正确的纲领,一定能够全面开创社会主义现代化建设的新局面,使我们党兴旺发达,使我们的社会主义事业兴旺发达,使我们的国家和各民族兴旺发达。"①

党在领导推进改革开放和社会主义现代化建设进程中深刻认识到,开创改革开放和社会主义现代化建设新局面,必须以理论创新引领事业发展。邓小平同志指出,一个党,一个国家,一个民族,如果一切从本本出发,思想僵化,迷信盛行,那它就不能前进,它的生机就停止了,就要亡党亡国。②党领导和支持开展真理标准问题大讨论,从新的实践和时代特征出发坚持和发展马克思主义,科学回答了建设中国特色社会主义的发展道路、发展阶段、根本任务、发展动力、发展战略、政治保证、祖国统一、外交和国际战略、领导力量和依靠力量等一系列基本问题,形成中国特色社会主义理论体系,实现了马克思主义中国化新的飞跃。

党的十一届三中全会开创了中国特色社会主义伟大事业。坚持和发展中国特色社会主义是一篇大文章,邓小平同志为它确定了基本思路和基本原则,以江泽民同志为核心的党的中央领导集体、以胡锦涛同志

---

① 《邓小平文选》第3卷,北京:人民出版社1993年版,第2页。
② 《邓小平文选》第2卷,北京:人民出版社1994年版,第143页。

为总书记的党中央在这篇大文章上都写下了精彩的篇章。经过党的十一届三中全会以来的不懈奋斗,改革开放和社会主义现代化建设取得举世瞩目的伟大成就,我国实现了从生产力相对落后的状况到经济总量跃居世界第二的历史性突破,实现了人民生活从温饱不足到总体小康、奔向全面小康的历史性跨越,推进了中华民族从站起来到富起来的伟大飞跃。中国共产党和中国人民以英勇顽强的奋斗向世界庄严宣告,改革开放是决定当代中国前途命运的关键一招,中国特色社会主义道路是指引中国发展繁荣的正确道路,中国大踏步赶上了时代。

三、第三个历史决议与"强起来"

党的十八大以来,中国特色社会主义进入新时代。我们党面临的主要任务是,实现全面建成小康社会的第一个百年奋斗目标,开启全面建设社会主义现代化国家新征程,朝着实现中华民族伟大复兴的宏伟目标继续前进。

改革开放以来党和国家事业取得的重大成就,为新时代发展中国特色社会主义事业奠定了坚实基础、创造了有利条件。同时,外部环境变化带来许多新的风险挑战,国内改革发展稳定面临不少矛盾和问题,这些矛盾和问题有的是长期没有解决的深层次矛盾和问题,有的是新出现的一些矛盾和问题。管党治党一度宽松软带来党内消极腐败现象蔓延、政治生态出现严重问题,党群干群关系受到损害,党的创造力、凝聚力和战斗力受到削弱,党治国理政面临重大考验。

面对这些重大考验,以习近平同志为核心的党中央,以伟大的历史主动精神、巨大的政治勇气、强烈的使命担当,统筹国内国际两个大局,贯彻党的基本理论、基本路线、基本方略,统揽伟大斗争、伟大工程、伟大事业、伟大梦想,坚持稳中求进工作总基调,通过推出一系列重大方针政策和重大举措,解决了许多长期想解决而没有解决的难题,办成了许多过去想办而没有办成的大事,推动党和国家事业取得历史性成就、发生历史性变革,开创了中国特色社会主义新时代。

党的十八大以来,以习近平同志为主要代表的中国共产党人坚持把马克思主义基本原理同中国具体实际、同中华优秀传统文化相结合,坚持毛泽东思想、邓小平理论、"三个代表"重要思想、科学发展观,深刻总结并充分运用建党以来的历史经验,从新的实际出发,创立了习近平新时代中国特色社会主义思想。习近平同志紧紧围绕关系新时代党和国家事业发展的一系列重大理论和实践问题进行创造性的思考和探索,对新时代坚持和发展什么样的中国特色社会主义、怎样坚持和发展中国特色社会主义,建设什么样的社会主义现代化强国、怎样建设社会主义现代化强国,建设什么样的长期执政的马克思主义政党、怎样建设长期执政的马克思主义政党等重大时代课题,提出了一系列原创性的治国理政新理念新思想新战略。无可否认,习近平同志是习近平新时代中国特色社会主义思想的主要创立者。党确立习近平同志党中央的核心、全党的核心地位,确立习近平新时代中国特色社会主义思想的指导地位,体现了全党全军和全国人民的共同心愿,对新时代党和国家事业发展、对推进中华民族伟大复兴具有决定性的意义。

以习近平同志为核心的党中央领导全党全国人民砥砺前行,全面建成小康社会目标如期实现,彰显了中国特色社会主义的强大生机活力,党心军心民心空前凝聚振奋,为实现中华民族伟大复兴提供了更为完善的制度保证、更为坚实的物质基础和更为主动的精神力量。中国共产党和中国人民以英勇顽强的奋斗向世界庄严宣告,中华民族迎来了从站起来、富起来到强起来的伟大飞跃。

在党成立一百周年的重要时刻,全面总结党的百年奋斗重大成就和历史经验,是开启全面建设社会主义现代化国家新征程、在新时代坚持和发展中国特色社会主义的需要;是增强政治意识、大局意识、核心意识、看齐意识,坚定道路自信、理论自信、制度自信、文化自信,做到坚决维护习近平同志党中央的核心、全党的核心地位,坚决维护党中央权威和集中统一领导,确保全党步调一致向前进的需要;是推进党的自我革命、提高全党斗争本领和应对风险挑战能力、永葆党的生机活力、团结带领全国各族人民为实现中华民族伟大复兴的中国梦而继续奋斗的需要。只有坚持唯物史观和正确党史观,才能从党的百年奋斗中看清楚过去为什么能够成功、弄明白未来怎样才能继续成功,从而更加坚定和自觉地践行初心使命,在新时代更好坚持和发展中国特色社会主义。①

第一个历史决议的制定至今已有76年,第二个历史决议的制定至今已有40年。自第二个历史决议制定以来,党和国家事业、党的理论和实践都大大向前发展了。在建党百年之际,站在新的历史起点上回顾过去、展望未来,全面总结建党以来特别是改革开放40多年来的重大成就和历史经验,既有客观需要,也具备主观条件。正是在这样的形势下,制定第三个历史决议的任务提上了党的议事日程。

对于第三个历史决议的起草,党中央明确要求着重把握好以下几点。第一,聚焦总结党的百年奋斗重大成就和历史经验。党的第一个和第二个历史决议基本解决了从建党到改革开放之初党的历史上的重大是非问题,其基本论述和结论至今仍然适用。改革开放以来,尽管党的

---

① 《中共中央关于党的百年奋斗重大成就和历史经验的决议》,北京:人民出版社2021年版,第78—79页。

工作中也出现过一些问题,但总体上讲党和国家事业沿着正确方向顺利发展,取得举世瞩目的成就。因此,第三个历史决议把着力点放在总结党的百年奋斗重大成就和历史经验上,以推动全党增长智慧、增进团结、增加信心、增强斗志。第二,突出中国特色社会主义新时代这个重点。第三个历史决议重点总结新时代党和国家事业取得的历史性成就、发生的历史性变革和积累的新鲜经验,主要原因在于,突出中国特色社会主义新时代这个重点有利于引导全党进一步坚定信心,聚焦当前的工作,以更加昂扬的姿态奋力开启新征程。第三,对重大事件、重要会议、重要人物的评价注重同党中央已有结论相衔接。第三个历史决议要体现党的十八大以来党中央对党的百年奋斗的新认识。

第三个历史决议共分七个部分,重点在第四部分"开创中国特色社会主义新时代"。决议用较大篇幅总结党的十八大以来的原创性思想、变革性实践、突破性进展和标志性成果;指出党的十八大以来党和国家取得的历史性成就、发生的历史性变革,根本原因在于以习近平同志为核心的党中央坚强领导,在于习近平新时代中国特色社会主义思想的科学指导;指出习近平新时代中国特色社会主义思想深刻回答了新时代的重大时代课题,提出了一系列原创性的治国理政新理念新思想新战略,是当代中国马克思主义、二十一世纪马克思主义,是中华文化和中国精神的时代精华,实现了马克思主义中国化新的飞跃;阐明习近平新时代中国特色社会主义思想的理论内涵和重大意义,标明了它在马克思主义发展史、中华文化发展史上的重要地位。①

---

① 《中共中央关于党的百年奋斗重大成就和历史经验的决议》,北京:人民出版社 2021 年版,第 23—62 页。

第三个历史决议既是对党的百年历史的回顾与致敬,更是对千秋伟业的动员和宣示。

第三个历史决议与前两个历史决议的最大区别在于:前两个历史决议主要总结党的历史的教训、分清历史是非,在此基础上胜利前进。第三个历史决议主要总结党的百年奋斗重大成就和历史经验,重点总结新时代党和国家事业取得的历史性成就、发生的历史性变革和积累的新鲜经验,在此基础上激励在新时代新征程上夺取新的更加伟大的胜利。

除了区别外,三个历史决议有更多的相同点,主要是:第一,都形成于重大历史关头。第一个决议形成于抗日战争胜利前夕,第二个决议形成于改革开放之初,第三个决议形成于开启全面建设社会主义现代化国家新征程关键时刻。第二,都是向历史问计,都努力从历史中汲取智慧和力量。第一个历史决议对建党以后特别是党的六届四中全会至遵义会议前这一段党的历史及其经验教训进行了总结,对若干重大历史问题作出了结论,使全党特别是党的高级干部对中国革命基本问题的认识达到了一致。第二个决议重点总结新中国成立以来的历史,回顾了新民主主义革命时期党的历史,总结了社会主义革命和建设的历史经验,对一些重大事件和重要人物作出评价,特别是正确评价了毛泽东同志和毛泽东思想,分清了是非,纠正了"左"右两方面的错误观点。第三个决议总结党的百年奋斗重大成就和历史经验,重点总结新时代党和国家事业取得的历史性成就、发生的历史性变革和积累的新鲜经验。第三,三个历史决议都达到或必将达到更好服务现实的预期目的和效果。第一个历史决议的形成通过,增强了全党团结,为党的七大胜利召开提供了充分条件,有力地促进了中国革命事业的发展。第二个历史决议的形成通过,统一了全党思想,对推动党团结一致向前看、更好推进改革开放和社会主义现代化建设产生了重大影响。

我们坚信,在党成立一百周年的重要历史时刻,在党和人民胜利实现第一个百年奋斗目标、全面建成小康社会,正在向着全面建成社会主义现代化强国的第二个百年奋斗目标迈进的重大历史关头,全面总结党的百年奋斗重大成就和历史经验,形成第三个历史决议,对推动全党进一步统一思想、统一意志、统一行动,以史为鉴、开创未来,对激励全党全国各族人民更加紧密地团结在以习近平同志为核心的党中央周围,万众一心为实现第二个百年奋斗目标、实现中华民族伟大复兴的中国梦不懈奋斗,必将发挥非常重要的作用。

第三个历史决议与习近平新时代中国特色社会主义思想

中国共产党的历史,是一部不断推进马克思主义中国化时代化的历史,是一部不断推进理论创新、进行理论创造的历史。党的历史上关于历史问题的三个决议,都是在党的历史关键节点,围绕实现中华民族伟大复兴的历史使命,在科学总结党的历史经验基础上,开创并推进马克思主义中国化时代化的重要文献,在党的理论创新、理论创造中占据着重要的地位。2021年11月,党的十九届六中全会通过的第三个历史决议,在党的十九大报告的基础上,对习近平新时代中国特色社会主义思想进行新的概括和评价,在新时代党的理论创新、理论创造中发挥着重要作用。

一、提出"两个确立"这一具有决定性意义的重大政治论断

第三个历史决议提出,党确立习近平同志党中央的核心、全党的核心地位,确立习近平新时代中国特色社会主义思想的指导地位,反映了全党全军全国各族人民共同心愿,对新时代党和国家事业发展、对推进中华民族伟大复兴历史进程具有决定性意义。①第三个历史决议作出这样的政治论断,具有深厚的历史逻辑、理论逻辑和实践逻辑。

党的十八大以来,习近平总书记带领新的中央领导集体,统筹国内国际两个大局,统揽伟大斗争、伟大工程、伟大事业、伟大梦想,统筹推进"五位一体"总体布局、协调推进"四个全面"战略布局,坚持稳中求进的工作总基调,出台一系列重大方针政策,推出一系列重大举措,推进一系列重大工作,战胜一系列重大风险挑战,解决了许多长期想解决而没有解决的难题,办成了许多过去想办而没有办成的大事,推动党和国家事业取得历史性成就、发生历史性变革,推动中国特色社会主义进入新时代。在新的治国理政实践中,习近平同志作为党、国家和军队的最高领导人,赢得了全党全军全国各族人民的衷心拥护。他提出的一系列原创性的治国理政新理念新思想新战略,为在新的历史起点上实现新的奋斗目标提供了根本遵循。在新的伟大斗争实践中,习近平总书记事实上已经成为党中央的核心、全党的核心。

从中国共产党的百年光辉历程看,确立党的领导核心并维护核心的权威,坚持以马克思主义中国化的最新成果作为党的指导思想,是党增进团结、凝聚力量、克敌制胜的宝贵经验。从 2016 年 10 月,党的十八

---

① 《〈中共中央关于党的百年奋斗重大成就和历史经验的决议〉辅导读本》,北京:人民出版社 2021 年版,第 38 页。

届六中全会正式提出"以习近平同志为核心的党中央",并郑重写入全会文件《关于新形势下党内政治生活的若干准则》;到2017年10月,党的十九大把习近平新时代中国特色社会主义思想确立为党必须长期坚持的指导思想,并庄严写入党章;再到党的十九届六中全会强调"两个确立"的决定性意义,一切都是水到渠成。

从马克思主义发展史和世界社会主义发展史看,维护党中央权威和集中统一领导,是一个成熟的马克思主义政党必须始终坚持、任何时候任何情况下都不能动摇的重大原则,是马克思主义建党学说的一个基本观点。"两个确立"是我们党对马克思主义科学理论的自觉实践,是对马克思主义建党学说的重要发展。

从坚持和发展中国特色社会主义伟大实践、建设社会主义现代化强国和实现中华民族伟大复兴的历史进程看,"两个确立"是顺应历史趋势、把握时代大势、反映人民心声,在新时代坚持和发展中国特色社会主义、建设社会主义现代化强国的必然要求。

明确"两个确立"是党的十八大以来最重要的政治成果,是第三个历史决议的突出历史贡献。

二、丰富和发展了对重大时代课题的回答

第三个历史决议提出,习近平同志对关系新时代党和国家事业发展的一系列重大理论和实践问题进行了深邃思考和科学判断,就新时代坚持和发展什么样的中国特色社会主义、怎样坚持和发展中国特色社会主义,建设什么样的社会主义现代化强国、怎样建设社会主义现代化强国,建设什么样的长期执政的马克思主义政党、怎样建设长期执政的马克思主义政党等重大时代课题,提出了一系列原创性的治国理政新理念

新思想新战略，是习近平新时代中国特色社会主义思想的主要创立者。这就将党的十九大提出的回答新时代坚持和发展什么样的中国特色社会主义、怎样坚持和发展中国特色社会主义的一个重大时代课题，发展成三个重大时代课题。

一百多年来，中国共产党人对以上三个重大时代课题都进行了不懈探索，取得了重要成果、积累了丰富经验。在此基础上，以习近平同志为核心的党中央自信自强、守正创新，进行新的伟大实践伟大探索，取得新的成就、实现新的突破。

在回答坚持什么样的中国特色社会主义、怎样坚持和发展中国特色社会主义方面，创造性提出中国共产党领导是中国特色社会主义最本质特征，是中国特色社会主义制度的最大优势；作出中国特色社会主义进入新时代的重大论断；作出新时代我国社会主要矛盾已经转化为人民日益增长的美好生活需要和不平衡不充分的发展之间的矛盾的科学判断；提出中国特色社会主义事业总体布局是经济建设、政治建设、文化建设、社会建设、生态文明建设五位一体，战略布局是全面建设社会主义现代化国家、全面深化改革、全面依法治国、全面从严治党四个全面；提出坚持和完善中国特色社会主义制度、推进国家治理体系和治理能力现代化，等等，实现了对中国特色社会主义建设规律认识的新跃升。

在回答新时代坚持和发展什么样的社会主义现代化强国、怎样建设社会主义现代化强国方面，对实现第二个百年奋斗目标作出分两个阶段推进的战略安排，提出到2035年基本实现社会主义现代化，到本世纪中叶把我国建设成为富强民主文明和谐美丽的社会主义现代化国家；提出我国现代化是人口规模巨大的现代化，是全体人民共同富裕的现代化，是物质文明和精神文明相协调的现代化，是人与自然和谐共生的现代化,是走和平发展道路的现代化,要坚定不移推进中国式现代化,以中国式现代化推进中华民族伟大复兴,不断为人类作出新的更大贡献;提出坚持以人民为中心的发展思想,推动人的全面发展、全体人民共同富裕取得更为明显的实质性进展;提出立足新发展阶段、贯彻新发展理念、构建新发展格局、推动高质量发展、统筹发展和安全,等等,深化拓展了建设社会主义现代化强国的科学内涵,进一步明确了回答这一重大问题的路径选择、重要原则、战略安排。

在回答建设什么样的长期执政的马克思主义政党、怎样建设长期执政的马克思主义政党方面,针对党内存在的对坚持党的领导认识模糊、行动乏力问题和落实党的领导弱化、虚化、淡化、边缘化等问题,旗帜鲜明地指出,中国共产党是最高政治领导力量,必须坚持和加强党的全面领导,全党要增强"四个意识"、坚定"四个自信"、做到"两个维护";针对一度出现的管党不力、治党不严问题,强调打铁必须自身硬,办好中国的事情,关键在党,关键在党要管党、全面从严治党,明确全面从严治党战略方针;提出新时代党的建设总要求,强调以党的政治建设为统领,全面推进党的政治建设、思想建设、组织建设、作风建设、纪律建设,把制度建设贯穿其中,深入推进反腐败斗争,落实管党治党政治责任,以伟大自我革命引领伟大社会革命,等等,指引开辟了管党治党、兴党强党的新境界。

第三个历史决议是对习近平新时代中国特色社会主义思想历史性贡献和历史性成就的充分肯定和高度评价。

三、科学阐明理论内涵和重要地位

第三个历史决议指出,习近平新时代中国特色社会主义思想是当代中国马克思主义、21世纪马克思主义,是中华文化和中国精神的时代精华,实现了马克思主义中国化的新飞跃。[①]这一论断,科学阐明了习近平新时代中国特色社会主义思想的理论内涵和重大意义。

习近平总书记鲜明提出"坚持把马克思主义基本原理同中国具体实际相结合、同中华优秀传统文化相结合",大大深化了我们党对马克思主义中国化规律的认识。这一思想立足中华民族伟大复兴战略全局,是新时代中国特色社会主义伟大实践的结晶。党的十八大以来,我国发展站在新的历史起点上,实现中华民族伟大复兴进入关键时期,既面临难得的机遇,也面临前所未有的挑战。以习近平同志为核心的党中央坚持运用马克思主义的立场、观点、方法观察时代、把握时代、引领时代,统筹中华民族伟大复兴战略全局和世界百年未有之大变局,提出一系列具有战略性、前瞻性、创造性的新理念新思想新战略,回应新形势新任务对党和国家事业发展提出的新要求,创立习近平新时代中国特色社会主义思想。

习近平新时代中国特色社会主义思想植根于中国大地和中华民族历史,是中华文化和中国精神的时代精华。它以中华文明为源头活水,从5000多年璀璨文明中承继人文精神、道德价值、历史智慧的精华养分,把马克思主义的思想精髓与中华优秀传统文化的精神特质融会贯通起来,成为中华优秀传统文化创造性转化、创新性发展的生动典范。

习近平新时代中国特色社会主义思想坚持自信自强、守正创新,对马克思主义哲学、政治经济学、科学社会主义各个领域,都提出了许多

---

① 《〈中共中央关于党的百年奋斗重大成就和历史经验的决议〉辅导读本》,北京:人民出版社2021年版,第38页。

标志性引领性的新思想新观点新论断。它以全新的视野深化了对共产党执政规律、社会主义建设规律、人类社会发展规律的认识,为丰富发展马克思主义作出了原创性贡献,实现了马克思主义中国化新的飞跃。

我们党用马克思主义中国化实现历史性飞跃,来高度评价马克思主义中国化的理论成果。1997年党的十五大首开先河,指出,马克思列宁主义同中国实际相结合有两次历史性飞跃,产生两大理论成果。第一次飞跃的理论成果是被实践证明了的关于中国革命和建设的正确理论原则和经验总结,它的主要创立者是毛泽东,我们党称之为毛泽东思想。第二次飞跃的理论成果是建设有中国特色社会主义理论,它的主要创立者是邓小平,我们党称之为邓小平理论。在这之后,我们党在领导改革开放和社会主义现代化建设中,又形成了"三个代表"重要思想和科学发展观。党的十七大对此进行了新的理论概括,指出,中国特色社会主义理论体系,就是包括邓小平理论、"三个代表"重要思想以及科学发展观等重大战略思想在内的科学理论体系。胡锦涛指出,中国特色社会主义理论体系是马克思主义中国化最新成果,总体上属于马克思列宁主义同中国实际相结合的第二次历史性飞跃的理论成果。党的十九届六中全会进一步进行概括和评价,在指出毛泽东思想是马克思主义中国化的第一次历史性飞跃,中国特色社会主义理论体系实现了马克思主义中国化新的飞跃基础上,明确肯定习近平新时代中国特色社会主义思想实现了马克思主义中国化新的飞跃,高度评价其在马克思主义发展史上的重要历史地位。

四、用"十个明确"对核心内容作出新概括

第三个历史决议科学总结党的十八大以来以习近平同志为核心的

党中央对中国特色社会主义规律认识深化和理论创新的重大成果,将习近平新时代中国特色社会主义思想的核心内容由党的十九大提出的"八个明确"概括为"十个明确",并增加了许多新的内容:

第一个明确,由原第八个明确的部分内容调整而来,并增加:全党必须增强"四个意识"、坚定"四个自信"、做到"两个维护"。第二个明确,增加:以中国式现代化推进中华民族伟大复兴。第三个明确,增加:发展全过程人民民主,全体人民共同富裕取得更为明显的实质性进展。第四个明确,将原中国特色社会主义事业总体布局"五位一体"具体化为:经济建设、政治建设、文化建设、社会建设、生态文明建设。战略布局"四个全面"具体化为:全面建设社会主义现代化国家、全面深化改革、全面依法治国、全面从严治党。第七个明确,新增的具体内容为:明确必须坚持和完善社会主义基本经济制度,使市场在资源配置中起决定性作用,更好发挥政府作用,把握新发展阶段,贯彻创新、协调、绿色、开放、共享的新发展理念,加快构建以国内大循环为主体、国内国际双循环相互促进的新发展格局,推动高质量发展、统筹发展和安全。第九个明确,中国特色大国外交增加:服务民族复兴、促进人类进步。第十个明确,由原第八个明确发展而来,增加:明确全面从严治党的战略方针,全面推进党的政治建设、思想建设、组织建设、作风建设、纪律建设,把制度建设贯穿其中,深入推进反腐败斗争,落实管党治党政治责任,以伟大自我革命引领伟大社会革命。①

由上可见,无论是新增的条目还是原条目新增的内容,反映的都是

---

① 《〈中共中央关于党的百年奋斗重大成就和历史经验的决议〉辅导读本》,北京:人民出版社 2021 年版,第 36—38 页。

近些年党在领导改革开放和社会主义现代化建设中进行理论探索、实践探索取得的引人注目的重要成果。从"八个明确"到"十个明确",集中体现了以习近平同志为核心的党中央对新时代全党指导思想的深邃思考和不懈探索,是马克思主义中国化的最新理论成果。

五、从实践层面十三个方面分领域揭示原创性理念和思想

第三个历史决议通过"十个明确"的概括、总结,丰富发展了习近平新时代中国特色社会主义思想的核心内容。此外,又从十三个方面分领域总结了新时代党和国家事业取得的成就,并重点概括了其中的原创性理念和思想。由此,习近平新时代中国特色社会主义思想形成了从理论核心的"十个明确",到方法层面的"十四个坚持",再到实践层面的十三个方面,由内到外层层推进的完整结构。这十三个方面分领域的概括,涉及改革发展稳定、内政外交国防、治党治国治军,其原创性理念和思想比比皆是,以下仅从几个方面对代表性理念予以分析。

第一,在坚持党的全面领导上,提出党中央集中统一领导是党的领导的最高原则。这是党中央第一次提出这样的理念。维护党的权威和集中统一领导,是马克思主义政党必须始终坚持、不能含糊和动摇的根本原则,也是我们党夺取胜利的光荣传统和宝贵经验。进入改革开放和社会主义现代化建设新时期,面对对外开放和发展社会主义市场经济新环境,邓小平多次强调要加强党中央权威和集中统一。他指出,"党中央的权威必须加强""只有全党严格服从中央,党才能够领导全体党员和全国人民为实现现代化的伟大任务而战斗"。在中国特色社会主义新时代,我们比历史上任何时期都更接近、更有信心、更有能力实现中华民族伟大复兴,但面临的国内外环境更加复杂、不稳定不确定性也更加突

出,这就要求充分发挥党总揽全局、协调各方的核心作用和制度优势,不断战胜前进道路上的各种艰难险阻。党的十八大以来,以习近平同志为核心的党中央对此进行了不懈探索。2016年10月,党的十八届六中全会通过的《关于新形势下党内政治生活的若干准则》提出,坚持党的领导,首先是坚持党中央的集中统一领导。2018年7月,在全国组织工作会议上,习近平同志强调,坚持党的领导,首先是坚持党中央权威和集中统一领导,这是党的领导的最高原则。2020年1月,在第十九届中央纪律检查委员会第四次会议上,习近平强调,"两个维护"是党的最高政治原则和根本政治规矩。2020年10月颁布的《中国共产党中央委员会工作条例》强调,必须牢牢把握的第一条原则就是:坚持党对一切工作的领导,确保党中央集中统一领导。2021年11月,党的十九届六中全会正式提出,党中央集中统一领导是党的领导的最高原则。

第二,在全面从严治党方面,提出全面从严治党必须从人民群众反映强烈的作风问题抓起。这是第三个历史决议总结长期以来特别是党的十八大以来党的作风建设成功经验作出的重要论述。党的作风就是党的形象,关系人心向背,关系党的生死存亡。革命战争年代的"三大纪律、八项注意"与新时代的八项规定一脉相承,体现的是党同人民群众的血肉联系,体现的是全心全意为人民服务的根本宗旨和根本政治立场。然而,在对外开放和发展社会主义市场经济条件下,一些党员干部将根本宗旨、根本立场、纪律规矩抛到脑后,贪污腐败、脱离群众、形式主义、官僚主义等问题日益突出。面对这些问题,以习近平同志为核心的党中央制定关于改进工作作风、密切联系群众的八项规定,作为解决党的作风问题的切入口、动员令。党中央还连续开展了党的群众路线教育实践活动、"三严三实"专题教育、"两学一做"学习教育常态化制度化,制定一系列制度规定,等等。党风政风和社会风气为之一新,作风建设成为全面从严治党的一张亮丽名片。从作风问题切入,解决了"老虎吃天不知从哪儿下口"的问题,有力推动了新时代全面从严治党开好局、向纵深发展。"全面从严治党必须从人民群众反映强烈的作风问题抓起",也是总结经验得出的重要共识和结论。

第三,在经济建设方面,提出必须实现创新成为第一动力、协调成为内生特点、绿色成为普遍形态、开放成为必由之路、共享成为根本目的的高质量发展。高质量发展,就是能够满足人民日益增长的美好生活需要的发展,体现新发展理念的发展。环顾世界,从20世纪60年代以来,全球100多个中等收入经济体中只有十几个成为高收入经济体。那些取得成功的国家,在经历高速增长阶段后实现了经济发展从量的扩张转向质的提高。那些徘徊不前甚至倒退的国家,没有实现这种根本性转变。在改革开放和社会主义现代化建设新时期,我们党对我国经济发展规律进行了不懈探索。20世纪90年代,当人民生活实现总体小康、市场商品短缺状况基本结束后,党中央相继提出科教兴国战略、可持续发展战略,进入21世纪后,进一步提出科学发展观。2017年10月,党的十九大提出,我国经济已由高速增长阶段转向高质量发展阶段。2021年11月,党的十九届六中全会再次提出,我国经济发展进入新常态,已由高速增长阶段转向高质量发展阶段。这是一个重大判断。实现高质量发展,是保持经济持续健康发展的必然要求,是适应我国社会主要矛盾变化和全面建成小康社会、全面建设社会主义现代化国家的必然要求,是遵循经济规律发展的必然要求。①

---

① 习近平:《我国经济已由高速增长阶段转向高质量发展阶段》,载《习近平谈治国理政》第3卷,北京:外文出版社2020年版,第237—239页。

第四，在政治建设方面，提出积极发展全过程人民民主。第三个历史决议把"发展全过程人民民主"列为习近平新时代中国特色社会主义思想的重要内容，纳入党的十八大以来党和国家事业取得的历史性成就进行总结，从面向未来的战略高度作出部署。发展全过程人民民主本质上是保证人民当家作主。我们党自成立之日起，就以实现人民当家作主为己任。1939年1月，陕甘宁边区第一届参议会通过的《陕甘宁边区选举条例》规定，凡居住边区境内之人民，年满十八岁者，经选举委员会登记，均有选举权和被选举权。在实际投票中，群众创造投豆、画圈、画杆、燃香在纸上烧眼等选举办法。新中国成立后，党和政府建立起一系列根本政治制度和基本政治制度。人民代表大会制度实现普遍真正的民主，中国共产党领导的多党合作、政治协商制度避免了多党制的政治恶斗，民族区域自治制度使国家保持团结统一。改革开放以来的体制改革使我国政治制度焕发新的生机活力，中国共产党人还不断推进政治体制改革，加强民主法治建设，建立了基层群众自治制度。党的十八大以来，全面深化改革使各项制度更加成熟定型。正如习近平总书记指出的，强调制度自信不是故步自封。中国特色社会主义制度还需要丰富和完善，要推进国家治理体系和治理能力现代化。2014年，在庆祝中国人民政治协商会议65周年大会讲话中，习近平总书记对民主政治进行了深邃思考，强调通过选举和选举以外的制度、方式参与国家生活和社会生活的管理是十分重要的，只有投票的权利而没有广泛参与的权利，这样的民主是形式主义的，从而提出了"民主政治全过程"的概念。2019年11月，习近平总书记在上海考察时明确指出，人民民主是一种全过程的民主。在庆祝中国共产党成立100周年大会、中央人大工作会议上，他都强调要发展全过程人民民主。全过程人民民主重大理念的提出，丰富和发展了社会主义民主政治理论，集中概括了党领导人民发展社会主义民主特别是党的十八大以来民主政治建设的理论和实践成果,为新时代发展社会主义民主、建设社会主义政治文明提供了重要指引和遵循。

第五,在推进祖国统一方面,提出必须全面准确、坚定不移贯彻"一国两制"方针,坚持和完善"一国两制"制度体系,坚持依法治港治澳,维护宪法和基本法确定的特别行政区宪制秩序,落实中央对特别行政区全面管治权,坚定落实"爱国者治港""爱国者治澳"。这是党中央深入总结香港、澳门回归祖国20多年来的历史经验得出的重大结论。党的十八大以来,习近平总书记就港澳工作作出一系列重要论述,要求全面准确、坚定不移贯彻"一国两制"方针。认真学习领会习近平总书记这一系列重要论述精神,需要重点把握好以下三个方面:一是坚决维护宪法和基本法确定的特别行政区宪制秩序。"一国"是根,"一国"是本,"一国"是"两制"的前提。要把坚持"一国"原则和尊重"两制"差异、维护中央权力和保障特别行政区高度自治权、发挥祖国内地坚强后盾作用和提高特别行政区自身竞争力有机结合起来,任何时候都不能偏废。二是坚决落实中央对特别行政区全面管治权。不能把特别行政区的高度自治权与中央的全面管治权相割裂、相对立,高度自治绝不是完全自治。对特别行政区行使高度自治权,中央也应当依法行使好监督权。三是坚决维护国家主权、安全、发展利益。中央人民政府对特别行政区有关国家安全事务负有根本责任,特别行政区负有维护国家安全的宪制责任。[①]第三个历史决议准确反映了习近平总书记就港澳工作作出的一系列重要论述的精神。

[①] 习近平:《"一国两制"是保持香港长期繁荣稳定最佳制度》,载《习近平谈治国理政》第2卷,北京:外文出版社2017年版,第433—437页。

第六，在外交工作方面，提出紧扣服务民族复兴、促进人类进步这条主线。这是习近平总书记对新时代我国外交工作的重要论述。我们党的最高理想和最终目标是实现共产主义。我们党始终把为人类作出新的更大贡献作为自己的使命。100多年来，党既为中国人民谋幸福、为中华民族谋复兴，也为人类谋进步、为世界谋大同。进入新时代，国际力量对比深刻调整，单边主义、保护主义、霸权主义、强权政治对世界和平与发展威胁上升，逆全球化思潮上升，世界进入动荡变革期。党中央强调，面对复杂严峻的国际形势和前所未有的外部风险挑战，必须统筹国内国际两个大局。习近平总书记强调，做好新时代我国外交工作，胸中要装着国内国际两个大局，国内大局就是实现"两个一百年"奋斗目标，实现中华民族伟大复兴的中国梦。国际大局就是为我国改革发展稳定争取良好外部条件，维护国家主权、安全、发展利益，维护世界和平稳定、促进共同发展。2018年6月22日，他在中央外事工作会议上明确提出，我国对外工作要坚持以新时代中国特色社会主义外交思想为指导，统筹国内国际两个大局，牢牢把握服务民族复兴、促进人类进步这条主线。① 中华民族伟大复兴是人类进步事业的重要组成部分，服务民族复兴、促进人类进步，二者相辅相成、有机统一。党将服务民族复兴、促进人类进步确定为我国对外工作的主线，展现出我们党为人民谋幸福、为人类谋进步的历史担当，展现出在宏阔时空维度中思考民族复兴和人类进步重大使命的国际视野和世界胸怀。

第三个历史决议总结新时代十三个方面具体领域的成就和原创性

---

① 习近平：《坚持以新时代中国特色社会主义外交思想为指导，努力开创中国特色大国外交新局面》，载《论坚持推动构建人类命运共同体》，北京：中央文献出版社2018年版，第537页。

理念思想,实际涵盖了党的十八大以来以习近平同志为核心的党中央治国理政的重大战略、重大工作、重大举措、重大成就,是取得历史性成就、发生历史性变革的具体发展领域的体现。它们既是发展成就,也是宝贵经验,更是面向未来需要坚持和发展的重要战略思想。这些重要战略思想和创新理念,针对问题而提出,奔着解决问题而去,和"十个明确"一起,以全新视野进一步深化了对共产党执政规律、社会主义建设规律、人类社会发展规律的认识,是马克思主义中国化时代化的最新成果。

恩格斯指出:"只要进一步发挥我们的唯物主义论点,并且把它应用于现时代,一个强大的、一切时代中最强大的革命远景就会立即展现在我们面前。"2021年,在党成立100周年重要历史时刻,在党和人民胜利实现第一个百年奋斗目标、全面建成小康社会,正在向着全面建成社会主义现代化强国的第二个百年奋斗目标迈进的重大历史关头,党的第三个历史决议总结党的百年奋斗重大成就和历史经验,明确提出"两个确立"的决定性意义,深刻阐明习近平新时代中国特色社会主义思想的理论内涵,高度评价其重大意义,必将对推动全党进一步统一思想、统一意志、统一行动,团结带领全国各族人民夺取新时代中国特色社会主义新的伟大胜利发挥至关重要的作用。

历史决议与马克思主义中国化时代化发展

中国共产党在百年奋斗历程中,形成了三个重要历史决议。《关于若干历史问题的决议》总结建党以来特别是六届四中全会至遵义会议前党的历史及其基本经验教训,高度评价了毛泽东运用马克思列宁主义基本原理解决中国革命问题的杰出贡献,促进了毛泽东思想指导地位的确立。《关于建国以来党的若干历史问题的决议》从根本上否定了"文化大革命"的历史性错误,对一些重大历史事件和重要历史人物作出了实事求是的评价,对推动全党团结一致向前看、更好地推进改革开放和社会主义现代化建设产生了重大影响,促进了中国特色社会主义理论的形成和发展。《中共中央关于党的百年奋斗重大成就和历史经验的决议》在全面总结党的百年奋斗重大成就和历史经验的基础上,重点总结新时代党和国家取得的历史性成就、发生的历史性变革及积累的新鲜经验,促进了习近平新时代中国特色社会主义思想的学习贯彻和进一步发展。这三个历史决议是中国共产党在重大历史关头,坚持解放思想、实事求是、与时俱进、求真务实,把马克思主义基本原理同中国具体实际相结合、同中华优秀传统文化相结合的产物,促进了马克思主义的中国化时代化。

恩格斯说过:"一个民族要想站在科学的最高峰,就一刻也不能没有理论思维。"[①]2021年中国共产党十九届六中全会通过的《中共中央关于党的百年奋斗重大成就和历史经验的决议》指出:"党之所以能够领导人民在一次次求索、一次次挫折、一次次开拓中完成中国其他各种政治力量不可能完成的艰巨任务,根本在于坚持解放思想、实事求是、与时俱进、求真务实,坚持把马克思主义基本原理同中国具体实际相结合、同中华优秀传统文化相结合,坚持实践是检验真理的唯一标准,坚持一切从实际出发,及时回答时代之问、人民之问,不断推进马克思主义中国化时代化。"[②]在马克思主义中国化时代化发展中,中国共产党在重大历史关头形成的三个关于历史问题的决议发挥了至关重要的作用。

一、《关于若干历史问题的决议》促进了毛泽东思想指导地位的确立

1945年中共六届七中全会通过《关于若干历史问题的决议》,这是中国共产党关于历史问题的第一个决议。它的形成,与中国共产党对在中国这样一个半殖民地半封建国家进行革命的探索、对推进马克思主义与中国实际第一次结合的探索密不可分。

[①]《马克思恩格斯文集》第9卷,北京:人民出版社2009年版,第437页。
[②]《中共中央关于党的百年奋斗重大成就和历史经验的决议》,载《人民日报》2021年11月17日,第1版。

曾经有过五千年文明的中国,近代以后在西方列强坚船利炮轰击下,陷入半殖民地半封建社会的黑暗深渊。寻找救国救民道路的先进中国人,从马克思列宁主义科学真理中看到了解决中国问题的出路。马克思列宁主义为中国人民点亮了前进的灯塔。1921年中国共产党的成立,使中国人民有了前进的主心骨。

然而,在半殖民地半封建社会的东方大国搞革命,马克思主义教科书上没有现成的答案,别的国家也不能提供可以照抄的模板。年轻的中国共产党,一度简单套用马克思列宁主义关于无产阶级革命的一般原理和照搬俄国十月革命城市武装起义的经验,使中国革命遭受到了严重挫折。从革命斗争的这种失误教训中,以毛泽东同志为主要代表的中国共产党人深刻认识到,由于中国的特殊国情,中国革命将是一个长期的过程,不能以教条主义的观点对待马克思列宁主义,必须从中国实际出发,探索中国革命的正确道路,实现马克思主义中国化发展。

这种认识是一步步得来的。从党的建立到抗日战争时期,中国共产党经过了两次胜利、两次失败。北伐战争胜利了,但是到1927年,革命遭遇了失败。土地革命战争曾经取得了很大的胜利,红军发展到30万人,第五次反"围剿"又遭到严重挫折,经过长征后,红军由30万人减少到两万多人。1935年遵义会议结束了"左"倾错误在党内的统治地位,解决了党所面临的最紧迫的组织问题和军事问题,事实上确立了毛泽东在党中央和红军中的领导地位,开始形成以毛泽东为核心的党的第一代中央领导集体,开启了党独立自主解决中国革命实际问题的新阶段。

九一八事变后,中日民族矛盾逐渐超越国内阶级矛盾上升为主要矛盾。全民族抗战爆发后,中国共产党面对的形势和肩负的任务比过去更加艰巨、更加复杂。

此时,中国共产党已经变成全国性的大党,受到人们越来越多的关注。各方人士渴望了解中国共产党对时局和中国未来前途的看法。然而,国民党顽固派坚持反共政策,鼓吹"一个主义""一个政党",在抗战进入相持阶段后更是不断掀起反共高潮。中共党内犯过"左"倾错误的王明,此时则又犯了右倾错误,强调"今天的中心问题是一切为了抗日,一切经过统一战线,一切服从统一战线"①,给党的事业带来混乱和危害。中国共产党必须旗帜鲜明地提出自己的政治主张,驳斥各种错误言论,争取更多支持。

政治上逐步成熟起来的中国共产党,已经能够把马克思主义同中国革命的具体实践日益结合起来,深入阐明民主革命的理论和纲领,有力回答各方面提出的问题和挑战。正如毛泽东指出的,"在抗日时期,我们才制定了合乎情况的党的总路线和一整套具体政策。这时候,中国民主革命这个必然王国才被我们认识,我们才有了自由"。②

毛泽东在领导中国革命的过程中,很早就认识到,没有革命的理论,没有历史知识,没有对于实际运动的深刻了解,中国革命要取得成功是不可能的。进入抗战时期后,他的这种认识更加强烈、更加紧迫。1938年,在具有重要历史意义的中共六届六中全会上,毛泽东反复强调进行理论学习、推进理论创新的重要性。他指出:"学习理论是胜利的条件。在主要领导责任的观点上说,如果中国有一百个至二百个系统地而不是零碎地、实际地而不是空洞地学会了马克思主义的同志,那将是等于打倒一个日本帝国主义。同志们,我们一定要学习马克思主义。"同时,他强调:"不是把他们的理论当作教条看,而是当作行动的指南。不是学习马克思列宁主义的字母,而是学习他们观察问题与解决问题的立场与方法。""成为

---

① 《中国共产党历史》(第一卷)下册,北京:中共党史出版社2011年版,第515页。
② 《毛泽东文集》第8卷,北京:人民出版社1999年版,第300页。

伟大中华民族之一部分而与这个民族血肉相联的共产党员,离开中国特点来谈马克思主义,只是抽象的空洞的马克思主义。因此,马克思主义的中国化,使之在其每一表现中带着中国的特性,即是说,按照中国的特点去应用它,成为全党亟待了解并亟须解决的问题。"①

毛泽东不仅大声疾呼,更是率先进行理论探索和创新。在抗日战争前夜和抗日战争时期,发表了《中国革命战争的战略问题》《论持久战》《新民主主义论》《〈共产党人〉发刊词》《论联合政府》等一系列光辉著作,创造性地解决马克思列宁主义基本原理同中国革命实际相结合的一系列重大问题,深刻分析中国社会形态和阶级状况,弄清中国革命的性质、对象、动力,提出通过新民主主义革命走向社会主义的两步走战略,开辟了以农村包围城市、最后夺取全国胜利的革命道路;创造性地解决了在中国这种特殊的社会历史条件下建设马克思主义政党、缔造在党的绝对领导下的人民武装力量、团结全民族的最大多数人共同奋斗的革命统一战线等一系列重大问题,从而保证了党的各项工作顺利发展。在革命斗争中,以毛泽东为主要代表的中国共产党人,把马克思列宁主义基本原理同中国具体实际相结合,创立毛泽东思想,为夺取新民主主义革命胜利指明了正确方向。

毛泽东的上述著作在党内外产生了广泛且深刻的影响。但是,在指导思想上、在如何对待马克思列宁主义以及共产国际的指示上,党内仍然存在许多分歧。分歧的焦点是要不要坚持实践第一的观点,要不要坚持一切从实际出发、理论联系实际、实事求是的思想路线。

---

① 《建国以来重要文献选编(一九二一—一九四九)》第15册,北京:中央文献出版社2011年版,第650—651页。

1939、1940年之交,毛泽东发表《中国革命和中国共产党》《新民主主义论》。不久之后的1940年3月,王明就把他自己在1931年所写、集中反映他的"左"倾错误观点的《为中共更加布尔塞维克化而斗争》[①]进行再版,并在序言中对过去的"左"倾错误作辩护。事实上,不仅王明"左"倾错误的思想根源没有得到应有的清算,而且他在抗战初期的右倾错误在党内也有一定影响。这种影响,使部分地区在处理与国民党关系时未能坚持独立自主的原则,因而使党的事业受到不应有的损失。王明的做法和主张同时还得到共产国际某些领导人的理解和支持。事实表明,应该怎样看待党的历史上的路线是非,成为摆在中共中央面前必须明确回答的问题;解决党内的思想矛盾,提高全党特别是党的高级干部运用马克思主义的水平,已经势在必行。

在这样的形势下,毛泽东在全党范围内发动和领导开展了长达三年的整风运动。整风运动分两个层次进行:一是党的高级干部的整风,二是一般干部和普通党员的整风。高级干部整风的内容和重点是以讨论党的政治路线为主,一般干部和普通党员的整风以整顿思想方法和思想作风为主。两者有一个共同点,即都聚焦总结党的历史经验,消除王明错误的影响,通过批判教条主义和经验主义两种形态的主观主义,教育全党学会运用马克思列宁主义的立场、观点和方法,研究解决中国革命的实际问题。正如毛泽东强调的,"把党的路线政策的历史发展搞清楚。这对研究今天的路线政策,加强党内教育,推进各方面的工作,都是必要的"。[②]

[①] 中国人民解放军政治学院党史教研室编:《中共党史参考资料》第6册,1979年,第227页。

[②]《建党以来重要文献选编(一九二一——一九四九)》第19册,北京:中央文献出版社2011年版,第172页。

从1943年9月开始,中央领导层的整风进一步深入到讨论党的历史问题的阶段。中央政治局召开扩大会议讨论党的路线问题。有关方面分别召开总结历史的座谈会。通过这些会议,使高级干部从切身实践经验中,更加深刻地认识党的历史上的路线是非问题。1944年2月,中共中央书记处召开会议讨论党的历史问题,进一步统一了认识,实际上对党的重大历史问题作了明确结论。

中共中央认为起草历史决议的时机成熟了。1944年5月21日至1945年4月20日,中共中央在延安召开长达11个月的扩大的六届七中全会。会议主要内容和最重要成果,是在1945年4月20日原则通过了《关于若干历史问题的决议》。决议总结建党以来特别是六届四中全会至遵义会议前这一段党的历史及其基本经验教训,高度评价了毛泽东运用马克思列宁主义基本原理解决中国革命问题的杰出贡献,肯定了确立毛泽东在全党的领导地位的重大意义。

第一,决议旗帜鲜明地肯定确立毛泽东和毛泽东思想地位的重大意义。决议第一部分就开宗明义地指出:"中国共产党自一九二一年产生以来,就以马克思列宁主义的普遍真理和中国革命的具体实践相结合为自己一切工作的指针,毛泽东同志关于中国革命的理论和实践便是此种结合的代表。我们党一成立,就展开了中国革命的新阶段——毛泽东同志所指出的新民主主义革命的阶段。……党在奋斗的过程中产生了自己的领袖毛泽东同志。"第二部分指出:"尤其值得我们庆幸的是,我们党以毛泽东同志为代表,创造性地把马克思、恩格斯、列宁、斯大林的革命学说应用于中国条件的工作,在这十年内有了很大的发展。我们党终于在土地革命战争的最后时期,确立了毛泽东同志在中央和全党的领导。这是中国共产党在这一时期的最大成就,是中国人民获得解放的最大保证。"第七部分指出:"二十四年来中国革命的实践证明了,并且还在证明着,毛泽东同志所代表的我们党和全国广大人民的奋斗方向是完全正确的。""到了今天,全党已经空前一致地认识了毛泽东同志的路线的正确性,空前自觉地团结在毛泽东的旗帜下了。以毛泽东同志为代表的马克思列宁主义的思想更普遍地更深入地掌握干部、党员和人民群众的结果,必将给党和中国革命带来伟大的进步和不可战胜的力量。""扩大的六届七中全会相信:有了北伐战争、土地革命战争和抗日战争这三次革命斗争的丰富经验的中国共产党,在以毛泽东同志为首的中央的正确领导之下,必将使中国革命达到彻底的胜利。"

第二,决议总结概括了毛泽东思想的主要内容。决议阐述了历次"左"倾错误在政治、军事、组织、思想方面的表现和造成的严重危害,对照着阐述了以毛泽东为代表的正确路线。决议在第四部分指出,在政治上,"现阶段的中国,是一个半殖民地半封建的国家"。"这就规定了中国现阶段革命的性质,是无产阶级领导的、以工人农民为主体而有其他广大社会阶层参加的、反帝反封建的革命,既是区别于旧民主主义又区别于社会主义的新民主主义革命。"在军事上,"在中国革命的现阶段,军事斗争是政治斗争的主要形式"。"毛泽东同志的军事路线从两个基本观点出发:第一,我们的军队不是也不能是其他样式的军队,它必须是服从于无产阶级思想领导的、服务于人民斗争和根据地建设的工具;第二,我们的战争不是也不能是其他样式的战争,它必须在承认敌强我弱、敌大我小的条件下,充分地利用敌之劣点与我之优点,充分地依靠人民群众的力量,以求得生存、胜利和发展。"在组织上,如毛泽东所说,正确的政治路线应该是"从群众中来,到群众中去"。在思想上,"一切政治路线、军事路线和组织路线之正确或错误,其思想根源都在于它们是否从马克思列宁主义的辩证唯物论和历史唯物论出发,是否从中国革命的客观实际和中国人民的需要出发"。

第三,阐述学习党的历史、作出历史决议的目的和意义。决议第二部分强调:"为了学习中国革命的历史教训,以便'惩前毖后、治病救人',使'前车之覆'成为'后车之鉴',在马克思列宁主义思想一致的基础上,团结全党同志如同一个和睦的家庭一样,如同一块坚固的钢铁一样,为着获得抗日战争的彻底胜利和中国人民的完全解放而奋斗,中国共产党第六届中央委员会扩大的第七次全体会议认为:对于这十年内若干党内历史问题,尤其是六届四中全会至遵义会议期间中央的领导路线问题,作出正式的结论,是有益的和必要的。"[①]

中共六届七中全会的召开和《关于若干历史问题的决议》的通过,增强了全党在毛泽东思想基础上的团结,为七大的胜利召开创造了思想条件。中共七大确立毛泽东思想为党的指导思想并写入党章。七大通过的新党章规定:中国共产党,以马克思列宁主义的理论与中国革命的实践之统一的思想——毛泽东思想,作为自己一切工作的指针,反对任何教条主义的或经验主义的偏向。[②]

确立毛泽东的历史地位和毛泽东思想的指导作用,是中国共产党和中国人民长期奋斗中的巨大收获。经过革命胜利与失败的反复比较,经过整风运动和《关于若干历史问题的决议》的讨论,全党高级干部对马克思主义中国化的意义,特别是对毛泽东的正确领导和毛泽东思想的正确指导,有了更加深刻的认识。确立毛泽东思想在全党的指导地位,反映了全党思想上、政治上的成熟。中共七大之后,全党在毛泽东思想指引下,团结一致,为推进中国革命的进程而努力奋斗。正如毛泽东指

[①]《建党以来重要文献选编(一九二一——一九四九)》第22册,北京:中央文献出版社2011年版,第73—112页。

[②]《中共中央文件选集》第13册,北京:中共中央党校出版社1991年版,第52页。

出的,"如果不把党的历史搞清楚,不把党在历史上所走的路搞清楚,便不能把事情办得更好"。①

二、《关于建国以来党的若干历史问题的决议》促进了中国特色社会主义理论的形成和发展

1981年中共十一届六中全会通过《关于建国以来党的若干历史问题的决议》,这是中国共产党关于历史问题的第二个决议。它的形成,与中国共产党对在中国这样一个落后国家进行社会主义革命和建设的探索、对推进马克思主义与中国实际第二次结合的探索密不可分。

新中国成立后,以毛泽东为主要代表的中国共产党人带领人民,在迅速医治战争创伤、恢复国民经济的基础上,不失时机地提出了过渡时期的总路线,创造性地完成了由新民主主义革命向社会主义革命的转变,使中国这个占世界四分之一人口的东方大国进入社会主义社会,成功实现了中国历史上最深刻最伟大的社会变革。新民主主义革命的胜利,社会主义基本制度的确立,为当代中国一切发展进步奠定了根本政治前提和制度基础。

社会主义基本制度确立以后,如何在中国建设社会主义,是党面临的崭新课题。毛泽东对适合中国情况的社会主义建设道路进行了艰辛探索。他以苏联的经验教训为鉴戒,提出要创造新的理论、写出新的著作,把马克思列宁主义基本原理同中国实际进行"第二次结合",找出在中国进行社会主义革命和建设的正确道路,制定把中国建设成为一个强大

---

① 《建党以来重要文献选编(一九二一——一九四九)》第19册,北京:中央文献出版社2011年版,第172页。

的社会主义国家的战略思想。

然而,中国共产党寻找社会主义建设正确道路的过程历经艰辛。一开始,因为没有搞过社会主义,只能照搬苏联模式,一边倒,走的是高度集中的计划经济的路子。后来,中国共产党认识到这种做法有问题,进行了积极探索和思考,取得了一些理论和实践成果。毛泽东的重要著作《论十大关系》和中共八大关于社会主义改造完成后中国社会主要矛盾和主要任务的一系列论述是这个探索的重要成果。这些成果丰富和发展了毛泽东思想,为继续探索社会主义建设新路打下了重要基础、提供了重要启示。后来,由于对国际国内形势的认识逐步发生偏差,中共的指导思想也发生了偏差,出现了反右派斗争严重扩大化、"大跃进"等错误,最后发生了"文化大革命"这样的全局性的严重错误,导致在探索符合中国实际的社会主义建设道路的过程中遭受到严重挫折。

"文化大革命"结束后,"中国向何处去"再次成为摆在中国人民面前头等重要的问题。当时,世界经济快速发展,科技进步日新月异,而"文化大革命"十年内乱之后,国家建设百业待兴。党内外强烈要求纠正极左理论及其实践的错误,使党和国家从危难中重新奋起。邓小平明确指出:"一个党,一个国家,一个民族,如果一切从本本出发,思想僵化,迷信盛行,那它就不能前进,它的生机就停止了,就要亡党亡国。"[①] "如果现在再不实行改革,我们的现代化事业和社会主义事业就会被葬送。"[②] 邓小平以他的远见卓识、丰富的政治经验、高超的领导艺术,强调实事求是是毛泽东思想的精髓。1978年12月召开的中共十一届三中全会,重新确立

---

① 《邓小平文选》第2卷,北京:人民出版社1994年版,第143页。
② 《邓小平文选》第2卷,北京:人民出版社1994年版,第150页。

马克思主义的思想路线、政治路线和组织路线,停止使用"以阶级斗争为纲"的错误提法,确定把全党工作的着重点转移到社会主义现代化建设上来,作出实行改革开放的重大决策,实现了党的历史上具有深远意义的伟大转折。与此同时,党开始从各方面深入总结历史经验,科学地阐述了许多从实践中提出的有关建设社会主义的理论路线方针和政策问题。

然而,社会主义现代化建设继续前进仍然面临重重困难和问题。其中思想认识方面的问题尤为突出。在1979年3月党的理论工作务虚会上,邓小平指出:"现在一方面,党内有一部分同志还深受林彪、'四人帮'极左思潮的毒害,有极少数人甚至散布流言蜚语,攻击中央在粉碎'四人帮'以来特别是三中全会以来所实行的一系列方针政策违反马列主义、毛泽东思想;另一方面,社会上有极少数人正在散布怀疑或反对四项基本原则的思潮,而党内也有个别同志不但不承认这种思潮的危险,甚至直接间接地加以某种程度的支持。虽然这几种人在党内外都是极少数,但是不能因为他们是极少数而忽视他们的作用。事实证明,他们不但可以而且已经对我们的事业造成很大的危害。"[1]国际上,对中国向何处去,极为关注。

很显然,要做到一心一意往前看,还需要暂时向后看。为把全党全国各族人民的思想统一到中共十一届三中全会路线方针政策上来,必须正确认识新中国成立以来党所走过的道路,科学总结党在这个时期的历史经验。拨乱反正既要拨林彪、"四人帮"破坏之乱,也要正确认识和纠正毛泽东晚年的错误,唯有如此,才能彻底冲破"左"的思想束缚,排除右的干扰,把党和国家事业推向前进。但这样做,势必涉及如何评价毛泽

---

[1]《邓小平文选》第2卷,北京:人民出版社1994年版,第165—166页。

东的事业和思想问题。如果中国共产党不能正确处理这个问题,党内和人民群众中就会发生严重思想混乱,党和国家事业发展就会迷失方向。

本来在1978年召开的中央工作会议上,邓小平提出:"'文化大革命'已经成为中国社会主义历史发展中的一个阶段,总要总结,但是不必匆忙去做。要对这样一个历史阶段做出科学的评价,需要做认真的研究工作,有些事要经过更长一点的时间才能充分理解和作出评价,那时再来说明这一段历史,可能会比我们今天说得更好。"① 然而,形势的发展说明,对历史问题的评价已经绕不过去了,需要加快做好这方面的工作。在1981年5月中央政治局扩大会议上,邓小平明确指出:"这个决议,过去也有同志提出,是不是不急于搞?不行,都在等。从国内来说,党内党外都在等,你不拿出一个东西来,重大的问题就没有一个统一的看法。国际上也在等。人们看中国,怀疑我们安定团结的局面,其中也包括这个文件拿得出来拿不出来,早拿出来晚拿出来。所以不能再晚了,晚了不利。当然,需要一个好的稿子。"②

1979年9月,中共十一届四中全会召开,讨论通过叶剑英在庆祝中华人民共和国成立30周年大会上的讲话。这个讲话对新中国成立以来的历史经验进行了初步总结。同年11月,中共中央决定在此基础上开始着手起草《关于建国以来若干历史问题的决议》。邓小平作为起草决议的主持人,在起草之初的1980年3月,就提出三条总的要求,或者说总的原则、总的指导思想:第一,确立毛泽东同志的历史地位,坚持和发展毛泽东思想,这是最核心的一条;第二,对新中国成立以

---

① 《邓小平文选》第2卷,北京:人民出版社1994年版,第149页。
② 《邓小平文选》第2卷,北京:人民出版社1994年版,第305—306页。

来历史上的大事,哪些是正确的,哪些是错误的,要进行实事求是的分析,包括一些负责同志的功过是非,要作出公正评价;第三,对过去的事情作个基本的总结,这个总结宜粗不宜细,总结过去是为了引导大家团结一致向前看。① 决议讨论稿写出来以后,从1980年9月起在一定范围内征求意见,其中影响最大的是同年10月党内4000名高级干部的讨论。这是发扬民主,对新中国成立以来党的历史的一次广泛而深入的总结。

1981年6月,中共十一届六中全会通过了《关于建国以来党的若干历史问题的决议》。决议从根本上否定了"文化大革命"和"无产阶级专政下继续革命"的错误理论,对一些重大历史事件和重要历史人物作出实事求是的评价,科学总结了新中国成立以来社会主义革命和建设的历史经验。决议指出,"文化大革命"不是也不可能是任何意义上的革命或社会进步。它是一场由领导者错误发动,被反革命集团利用,给党、国家和各族人民带来严重灾难的内乱。新中国成立后中国共产党执政取得成就是主要的。忽视错误、掩盖错误,忽视或否认成就及取得这些成就的成功经验,都是错误的。决议有力地推进了党的理论和实践的发展。

第一,决议实事求是地评价了毛泽东的历史地位,充分肯定毛泽东思想作为党的指导思想的伟大意义。决议指出,毛泽东是伟大的马克思主义者,是伟大的无产阶级革命家、战略家和理论家。就他一生来看,他对中国革命的功绩远远大于他的过失。他的功绩是第一位的,错误是第二位的。决议将毛泽东晚年的错误与他的正确思想加以区别,指出毛泽

---

① 《邓小平文选》第2卷,北京:人民出版社1994年版,第291—292页。

东思想是马克思列宁主义在中国的运用和发展,是被实践证明了的关于中国革命的正确理论原则和经验总结,是中国共产党集体智慧的结晶。决议对毛泽东思想多方面的内容和活的灵魂,即贯穿它的各个组成部分的立场观点和方法——实事求是、群众路线、独立自主作了科学的概括,并强调毛泽东思想是党的宝贵精神财富,它将长期指导党的行动;必须继续坚持毛泽东思想,认真学习和运用它的立场、观点和方法来研究实践中出现的新情况,解决新问题;必须以符合实际的新原理和新结论丰富和发展党的理论,保证党的事业沿着马克思列宁主义、毛泽东思想的科学轨道继续前进。

第二,决议首次对中共十一届三中全会以来党已经逐步确立的适合中国情况的社会主义现代化建设正确道路的主要点作了概括。社会主义改造基本完成以后,中国所要解决的主要矛盾是人民日益增长的物质文化需要同落后的社会生产之间的矛盾;社会主义经济建设必须从中国国情出发,量力而行,积极奋斗,有步骤分阶段地实现现代化的目标;社会主义生产关系的变革和完善必须适应生产力的状况,有利于生产的发展;在剥削阶级作为阶级消灭以后,阶级斗争已经不是主要矛盾;逐步建设高度民主的社会主义政治制度,是社会主义革命的根本任务之一;社会主义必须有高度的精神文明;改善和发展社会主义的民族关系,加强民族团结对于中国这个多民族国家具有重大意义;必须加强现代化的国防建设,国防建设要同国家的经济建设相适应;必须继续坚持反对帝国主义、霸权主义、殖民主义和种族主义,维护世界和平;建设具有健全的民主集中制的党。这十个方面的概括,实质上初步提出和回答了在中国建设什么样的社会主义、怎样建设社会主义的问题。

《关于建国以来党的若干历史问题的决议》的通过,标志着党在指导思想上的拨乱反正胜利完成。随后,1982年召开的中共十二大以提出建设有中国特色社会主义的重大命题而载入史册。以此次会议召开为标志,改革开放和社会主义现代化建设全面展开。中国共产党的第二个历史决议,纠正了"左"、右两个方面的错误观点,统一了全党的思想,对推动党团结一致向前看、更好地推进改革开放和社会主义现代化建设产生了重大影响。正如邓小平指出的,"历史上成功的经验是宝贵财富,错误的经验、失败的经验也是宝贵财富。这样来制定方针政策,就能统一全党思想,达到新的团结。这样的基础是可靠的"。[①]

自中共十一届三中全会实现伟大的历史转折以来,无论国际风云如何变幻,国内改革发展稳定任务多么艰巨繁重,中国共产党团结带领人民始终高举中国特色社会主义伟大旗帜不动摇,在推动改革开放和社会主义现代化进程中,不断推进中国特色社会主义事业和马克思主义中国化胜利发展。在中共十二大开幕式上,邓小平明确指出:"和八大的时候比较,现在我们党对我国社会主义建设规律的认识深刻得多了,经验丰富得多了,贯彻执行我们的正确方针的自觉性和坚定性大大加强了。""我们的现代化建设,必须从中国的实际出发。无论是革命还是建设,都要注意学习和借鉴外国经验。但是,照抄照搬别国经验、别国模式,从来不能得到成功。这方面我们有过不少教训。把马克思主义的普遍真理同我国的具体实际结合起来,走自己的道路,建设有中国特色的社会主义,这就是我们总结长期历史经验得出的基本结论。"[②]1989年在会见苏共中央总书记戈尔巴乔夫时,邓小平明确指出:"绝不能要求马克思为解决他去世之后上百年、几百年所产生的问题提供现成的答

[①] 《邓小平文选》第3卷,北京:人民出版社1993年版,第234—235页。
[②] 《邓小平文选》第3卷,北京:人民出版社1993年版,第2—3页。

案。列宁同样也不能承担为他去世以后五十年、一百年所产生的问题提供现成答案的任务。真正的马克思列宁主义者必须根据现在的情况,认识、继承和发展马克思列宁主义。"①邓小平的阐述,充分体现中国共产党人推进中国特色社会主义事业和马克思主义中国化发展的清醒认识和坚定意志。

十一届三中全会以后,以邓小平同志为主要代表的中国共产党人,围绕什么是社会主义、怎样建设社会主义这一根本问题,创立了邓小平理论,成功开创了中国特色社会主义。十三届四中全会以后,以江泽民同志为主要代表的中国共产党人,加深了对什么是社会主义、怎样建设社会主义和建设什么样的党、怎样建设党的认识,形成了"三个代表"重要思想,成功把中国特色社会主义推向21世纪。十六大以后,以胡锦涛同志为主要代表的中国共产党人,在全面建设小康社会进程中推进实践创新、理论创新、制度创新,深刻认识和回答了新形势下实现什么样的发展、怎样发展等重大问题,形成了科学发展观,成功在新形势下坚持和发展了中国特色社会主义。

改革开放以来,从新的实践和时代特征出发,在领导改革开放和社会主义现代化建设伟大进程中,中国共产党逐步形成了包括邓小平理论、"三个代表"重要思想和科学发展观在内的中国特色社会主义理论体系。这一理论体系,坚持和发展马克思主义,科学回答了建设中国特色社会主义的发展道路、发展阶段、根本任务、发展动力、发展战略、政治保证、祖国统一、外交和国防战略、领导力量和依靠力量等一系列基本问题,实现了马克思主义中国化新的飞跃。

---

① 《邓小平文选》第3卷,北京:人民出版社1993年版,第291页。

三、《中共中央关于党的百年奋斗重大成就和历史经验的决议》促进习近平新时代中国特色社会主义思想的学习贯彻和进一步发展

2021年中共十九届六中全会通过《中共中央关于党的百年奋斗重大成就和历史经验的决议》，这是中国共产党关于历史问题的第三个决议。它的形成，与中国共产党对在对外开放和社会主义市场经济条件下坚持和发展中国特色社会主义的探索、对推进马克思主义中国化在21世纪发展的探索密不可分。

党的十八大以来，中国特色社会主义进入新时代。国内外形势发生深刻复杂变化，中国发展仍处于重要战略机遇期，前景十分光明，挑战也十分严峻。一方面，改革开放以后，党和国家事业取得重大成就，实现了从生产力相对落后的状况到经济总量跃居世界第二的历史性突破，实现了人民生活从温饱不足到总体小康、奔向全面小康的历史性跨越，推进了中华民族从站起来到富起来的伟大飞跃，为新时代发展中国特色社会主义事业奠定了坚实基础、创造了有利条件。另一方面，中国共产党也清醒认识到，外部环境变化带来许多新的风险挑战，国内改革发展稳定面临不少长期没有解决的深层次矛盾和问题以及新出现的一些矛盾和问题，管党治党一度宽松软带来党内消极腐败现象蔓延、政治生态出现严重问题，党群干群关系受到损害，党的创造力、凝聚力、战斗力受到削弱，党治国理政面临重大考验。

党的十八大召开不久，在新进中央委员会委员、候补委员学习贯彻党的十八大精神研讨班上，习近平深刻指出："马克思主义必定随着时代、实践和科学的发展而不断发展，不可能一成不变，社会主义从来都是在开拓中前进的。坚持和发展中国特色社会主义是一篇大文章，邓小平同志为它确定了基本思路和基本原则，以江泽民同志为核心的党的第

三代中央领导集体、以胡锦涛同志为总书记的党中央在这篇大文章上都写下了精彩的篇章。现在,我们这一代共产党人的任务,就是继续把这篇大文章写下去。"他强调:"我们对社会主义的认识,对中国特色社会主义规律的把握,已经达到了一个前所未有的新的高度,这一点不容置疑。同时,也要看到,我国社会主义还处在初级阶段,我们还面临很多没有弄清楚的问题和待解的难题,对许多重大问题的认识和处理都还处在不断深化的过程之中,这一点也不容置疑。对事物的认识是需要一个过程的,而对社会主义这个我们只搞了几十年的东西,我们的认识和把握也还是非常有限的,还需要在实践中不断深化和发展。""我们的事业越前进、越发展,新情况新问题就会越多,面临的风险和挑战就会越多,面对的不可预料的事情就会越多。我们必须增强忧患意识,做到居安思危。"他号召:"全党同志首先是各级领导干部必须坚持马克思主义的发展观点,坚持实践是检验真理的唯一标准,发挥历史的主动性和创造性,清醒认识世情、国情、党情的变和不变,永远要有逢山开路、遇河架桥的精神,锐意进取,大胆探索,敢于和善于分析回答现实生活中和群众思想上迫切需要解决的问题,不断深化改革开放,不断有所发现、有所创造、有所前进,不断推进理论创新、实践创新、制度创新。"[①] 上述讲话,充分显示以习近平同志为核心的党中央推进中国特色社会主义不断前进的清醒、决心和意志。

党的十八大以来,以习近平同志为核心的党中央,以伟大的历史主动精神、巨大的政治勇气、强烈的责任担当,统筹国内国际两个大局,贯

[①]《习近平关于"不忘初心、牢记使命"重要论述选编》,北京:党建读物出版社、中央文献出版社2019年版,第71—72页。

彻党的基本理论、基本路线、基本方略，统揽伟大斗争、伟大工程、伟大事业、伟大梦想，坚持稳中求进工作总基调，出台一系列重大方针政策，推出一系列重大举措，推进一系列重大工作，战胜一系列风险挑战，解决了许多长期想解决而没有解决的难题，办成了许多过去想办而没有办成的大事，推动党和国家事业取得历史性成就、发生历史性变革，彰显了中国特色社会主义的强大生机活力，党心军心民心空前凝聚振奋，为实现中华民族伟大复兴提供了更为完善的制度保证、更为坚实的物质基础、更为主动的精神力量。

在领导新时代中国特色社会主义的伟大实践中，以习近平为主要代表的中国共产党人，坚持把马克思主义基本原理同中国具体实际相结合、同中华优秀传统文化相结合，坚持毛泽东思想、邓小平理论、"三个代表"重要思想、科学发展观，深刻总结并充分运用中国共产党成立以来的历史经验，从新的实际出发，创立了习近平新时代中国特色社会主义思想。中共十九大着眼中国特色社会主义事业长远发展，郑重提出习近平新时代中国特色社会主义思想，并把这一思想确立为党必须长期坚持的指导思想，写进党章，实现了指导思想的又一次与时俱进。大会报告用"八个明确"和"十四个坚持"全面阐述了习近平新时代中国特色社会主义思想的科学内涵和实践要求。大会指出，习近平新时代中国特色社会主义思想，是对马克思列宁主义、毛泽东思想、邓小平理论、"三个代表"重要思想、科学发展观的继承和发展，是马克思主义中国化的最新成果，是党和人民实践经验和集体智慧的结晶，是中国特色社会主义理论体系的重要组成部分，是全党全国人民为实现中华民族伟大复兴而奋斗的行动指南，必须长期坚持并不断发展。

经过改革开放以来特别是中共十八大以来的不懈奋斗，中国特色社会主义建设取得举世瞩目的伟大成就，比历史上任何时期都更接近、更有信心和能力实现中华民族伟大复兴的目标。同时,在中华民族伟大复兴前进道路上仍然存在可以预料和难以预料的各种风险挑战;中国仍处于并将长期处于社会主义初级阶段,中国仍然是世界上最大的发展中国家,社会主要矛盾已经转化为人民日益增长的美好生活需要和不平衡不充分的发展之间的矛盾。

中共中央认为,在党成立一百周年的重要历史时刻,在党和人民胜利实现第一个百年奋斗目标、全面建成小康社会,正在向着全面建成社会主义现代化强国的第二个百年奋斗目标迈进的重大历史关头,全面总结党的百年奋斗重大成就和历史经验,是在建党百年历史条件下开启全面建设社会主义现代化国家新征程、在新时代坚持和发展中国特色社会主义的需要,是增强"四个意识"、坚定"四个自信"、做到"两个维护",确保全党步调一致向前进的需要,是推进党的自我革命、提高全党斗争本领和应对风险挑战能力、永葆党的生机活力、团结带领全国各族人民为实现中华民族伟大复兴中国梦而继续奋斗的需要。

在2021年庆祝建党一百周年之际,全党范围内开展了党史学习教育,全社会开展了党史、新中国史、改革开放史、社会主义发展史学习教育。习近平发表《在党史学习教育动员大会上的讲话》《在庆祝中国共产党成立100周年大会上的讲话》。这为总结历史、起草历史决议创造了良好条件。中共中央就起草通过历史决议,专门组织了在党内外一定范围征求意见。从反馈意见看,各地区各部门各方面一致认为,党中央决定通过召开十九届六中全会,全面总结党的百年奋斗重大成就和历史经验,是郑重的历史性、战略性决策。建议这次全会在全面总结党的百年奋斗重大成就和历史经验的基础上,重点总结新时代党和国家取得的历史性成就、发生的历史性变革及积累的新鲜经验。决议征求意见稿出来后,又在一定范围内征求意见并酌情加以吸收。

第三辑　历史决议与中国式现代化的历史进程

2021年11月,中共十九届六中全会通过《中共中央关于党的百年奋斗重大成就和历史经验的决议》。决议三万多字,共分七个部分。前四个部分对党在四个历史时期带领人民进行英勇顽强奋斗的历史进行了系统阐述,每个部分都从党在这个历史时期面临的主要任务入手,实事求是地进行简明系统阐述,并用四个"伟大飞跃"对每个历史时期的伟大成就,作出画龙点睛式概括。第五部分从五个方面总结了党的百年奋斗的历史意义,第六部分用"十个坚持"概括了党的百年奋斗具有根本性和长远指导意义的历史经验,第七部分围绕实现第二个百年奋斗目标向全党发出号召。

决议重点是第四部分,在阐述新时代主要任务、新的历史方位基础上,深入阐述中共十八大以来以习近平同志为核心的党中央带领人民推进党的理论创新、实践创新的最新成就。

第一,在中共十九大报告的基础上,对习近平新时代中国特色社会主义思想的核心内容作了进一步概括。新增了"明确必须坚持和完善社会主义基本经济制度",将原来"八个明确"中的第八个明确中的"党的建设"独立出来,增加了"明确全面从严治党的战略方针",形成了党的领导和党的自身建设"两个明确"的格局。

第二,将中共十九大对习近平新时代中国特色社会主义思想的概括从一个重大时代课题扩展为三个重大时代课题。即在原来的"新时代坚持和发展什么样的中国特色社会主义、怎样坚持和发展中国特色社会主义"基础上,新增了"建设什么样的社会主义现代化强国、怎样建设社会主义现代化强国以及建设什么样的长期执政的马克思主义政党、怎样建设长期执政的马克思主义政党"。

第三,用三次理论飞跃对马克思主义中国化作出概括。在党的百年奋斗过程中,毛泽东思想是马克思列宁主义在中国的创造性运用和发展,是被实践证明了的关于中国革命和建设的正确理论原则和经验总结,是马克思主义中国化的第一次历史性飞跃。改革开放和社会主义现代化建设新时期,中国共产党科学回答了建设中国特色社会主义的一系列基本问题,形成了包括邓小平理论、"三个代表"重要思想和科学发展观在内的中国特色社会主义理论体系,实现了马克思主义中国化新的飞跃。中共十八大以来,以习近平为主要代表的中国共产党人,从新的实际出发,创立了习近平新时代中国特色社会主义思想。习近平新时代中国特色社会主义思想是当代中国马克思主义、21世纪马克思主义,是中华文化和中国精神的时代精华,实现了马克思主义中国化新的飞跃。凸显了习近平新时代中国特色社会主义思想在马克思主义发展史和中华文化发展史上的重要地位。

第四,明确"两个确立"的决定性意义。提出党确立习近平同志党中央的核心、全党的核心地位,确立习近平新时代中国特色社会主义思想的指导地位,反映了全党全军全国各族人民的心愿,对新时代党和国家事业发展、对推进中华民族伟大复兴历史进程具有决定性意义。

第五,总结了新时代十三个方面的具体领域成就。实际涵盖了中共十八大以来以习近平同志为核心的党中央治国理政的重大方略、重大工作、重大举措、重大成就,是取得历史性成就、发生历史性变革的具体发展领域的体现,既是成就,也是经验,还是面向未来的战略总结。

在中国共产党成立一百周年的重要历史时刻,《中共中央关于党的百年奋斗重大成就和历史经验的决议》强调,全党要坚持唯物史观和正确党史观,从党的百年奋斗中看清楚过去为什么能够成功、弄明白未来怎样才能继续成功,从而更加坚定、更加自觉地践行初心使命,在新时代更好坚持和发展中国特色社会主义。这个新的历史决议是新时代中国共产党人牢记初心使命、坚持和发展中国特色社会主义的政治宣言书,是以史为鉴、开创未来、实现中华民族伟大复兴的行动指南,同中国共产党的前两个历史决议既一脉相承又与时俱进,必将激励全党全国各族人民在新时代新征程上进一步统一思想、统一意志、统一行动奋力争取更大荣光。这个新的历史决议在全党全社会的深入学习贯彻,必将对习近平新时代中国特色社会主义思想进一步发展发挥重要的促进作用。正如习近平指出的,"回顾历史不是为了从成功中寻求慰藉,更不是为了躺在功劳簿上、为回避今天面临的困难和问题寻找借口,而是为了总结历史经验、把握历史规律,增强开拓前进的勇气和力量"。[①]

中国共产党在不同历史时期通过的三个历史决议,既一脉相承又与时俱进,都是马克思主义中国化时代化的重要理论成果,对于全党上下统一思想、统一意志、统一行动均发挥了不可替代的作用。在中国特色社会主义新时代,要更好地把握和运用党的百年奋斗历史经验,并不断从中汲取智慧和力量,努力创造新的伟大成就。

---

① 习近平:《在党史学习教育动员大会上的讲话》,北京:人民出版社2021年版,第4页。

后 记

当今中国,现代化建设取得举世瞩目伟大成就。这一成就的取得,是中国共产党带领中国人民经过长期不懈探索、不懈奋斗的结果。中国共产党建立一百多年来,团结带领中国人民所进行的一切奋斗,就是为了把我国建设成为现代化强国,实现中华民族伟大复兴。在新中国成立特别是改革开放以来长期探索和实践基础上,经过十八大以来在理论和实践上的创新突破,我们党成功推进和拓展了中国式现代化。中国的现代化发展,使中华民族迎来了从站起来、富起来到站起来的伟大飞跃,迎来了实现中华民族的光明前景;为广大发展中国家走向现代化提供了成功经验,是中华民族对人类文明进步作出的重大贡献。

近年来,围绕中国的现代化发展问题,我先后在《光明日报》《马克思主义与现实》《当代世界与社会主义》等报纸刊物上发表了系列文章,谈了一些认识和体会。现应邀对原文进行必要修改和校对,由中央编译出版社结集出版。现代化问题,是世界性难题。我深知自己的研究也还不够,书中难免存在不足之处,欢迎读者批评指正。

张神根
2022.12.1